O EVANGELHO POR
Emmanuel

COMENTÁRIOS AO
Evangelho Segundo Marcos

O EVANGELHO POR *Emmanuel*

COMENTÁRIOS AO
Evangelho Segundo Marcos

Coordenação
Saulo Cesar Ribeiro da Silva

FEB

Copyright © 2013 *by*
FEDERAÇÃO ESPÍRITA BRASILEIRA – FEB

1ª edição – 9ª impressão – 1 mil exemplares – 6/2024

ISBN 978-85-7328-962-6

Todos os direitos reservados. Nenhuma parte desta publicação pode ser reproduzida, armazenada ou transmitida, total ou parcialmente, por quaisquer métodos ou processos, sem autorização do detentor do *copyright*.

FEDERAÇÃO ESPÍRITA BRASILEIRA – FEB
SGAN 603 – Conjunto F – Avenida L2 Norte
70830-106 – Brasília (DF) – Brasil
www.febeditora.com.br
editorial@febnet.org.br
+55 61 2101 6161

Pedidos de livros à FEB
Comercial
Tel.: (61) 2101 6161 – comercial@febnet.org.br

Adquirindo esta obra, você está colaborando com as ações de assistência e promoção social da FEB e com o Movimento Espírita na divulgação do Evangelho de Jesus à luz do Espiritismo.

Dados Internacionais de Catalogação na Publicação (CIP)
(Federação Espírita Brasileira – Biblioteca de Obras Raras)

E54e Emmanuel (Espírito)

  O evangelho por Emmanuel: comentários ao evangelho segundo Marcos / coordenação de Saulo Cesar Ribeiro da Silva. – 1. ed. – 9. imp. – Brasília: FEB, 2024.

  200 p.; 23 cm – (Coleção O Evangelho por Emmanuel; 2)

  Compilação de textos de 138 obras e 441 artigos publicados em *Reformador* e *Brasil Espírita* ditados pelo Espírito Emmanuel e psicografados por Francisco Cândido Xavier.

  Inclui tabelas de correspondência de versículos, relação de comentários por ordem alfabética e índice geral

  ISBN 978-85-7328-962-6

  1. Jesus Cristo – Interpretações espíritas. 2. Bíblia e Espiritismo. 3. Espiritismo. 4. Obras psicografadas. I. Xavier, Francisco Cândido, 1910–2002. II. Silva, Saulo Cesar Ribeiro da, 1974–. III. Federação Espírita Brasileira. IV. Título. V. Coleção.

                  CDD 133.93
                    CDU 133.7
                    CDE 20.03.00

Sumário

Agradecimentos...9
Apresentação..11
Prefácio..13
Introdução ao *Evangelho segundo Marcos*..................19
Comentários ao *Evangelho segundo Marcos*...............27
Marcos 1:15..29
    Marcos 1:20..31
    Marcos 1:24..32
    Marcos 1:38..33
Marcos 2:4..34
    Marcos 2:14..35
    Marcos 2:17..37
    Marcos 2:27..39
Marcos 3:5..40
    Marcos 3:23..42
    Marcos 3:28 a 29..43
    Marcos 3:35..44
Marcos 4:3..46
    Marcos 4:15..48
    Marcos 4:17..49
    Marcos 4:19..51
    Marcos 4:24..53
    Marcos 4:25..55
    Marcos 4:26..59
    Marcos 4:28 a 29..61
    Marcos 4:32..63
    Marcos 4:33..64
Marcos 5:9..65
    Marcos 5:19..68
    Marcos 5:23..70
Marcos 6:8..71
    Marcos 6:31..72
    Marcos 6:32..76
    Marcos 6:37..78
    Marcos 6:56..80

- Marcos 7:7 81
  - Marcos 7:10 82
  - Marcos 7:34 86
- Marcos 8:2 88
  - Marcos 8:3 90
  - Marcos 8:5 91
  - Marcos 8:11 94
  - Marcos 8:24 96
  - Marcos 8:34 97
  - Marcos 8:25 100
  - Marcos 8:36 101
- Marcos 9:2 104
  - Marcos 9:24 105
  - Marcos 9:35 106
  - Marcos 9:41 108
- Marcos 10:5 110
  - Marcos 10:14 111
  - Marcos 10:15 116
  - Marcos 10:43 118
  - Marcos 10:45 123
  - Marcos 10:50 125
  - Marcos 10:51 126
- Marcos 11:22 128
  - Marcos 11:23 130
  - Marcos 11:25 131
  - Marcos 12:17 133
  - Marcos 12:27 136
  - Marcos 12:29 138
  - Marcos 12:31 139
  - Marcos 12:38 141
  - Marcos 12:43 142
- Marcos 13:5 144
  - Marcos 13:11 145
  - Marcos 13:33 146
- Marcos 14:31 149
  - Marcos 14:38 151
  - Marcos 14:45 153
  - Marcos 14:71 155

Marcos 15:17 156
    Marcos 15:21 157
    Marcos 15:30 159
    Marcos 15:32 162
Marcos 16:7 163
    Marcos 16:15 165
    Marcos 16:16 167
    Marcos 16:17 169

Tabelas de correspondências de versículos 171
Relação de comentários por ordem alfabética 175
Índice geral 177

Agradecimentos

Grandes e pequenas contribuições se somaram neste que é o resultado de muitas mãos e corações. Por isso queremos deixar grafados aqui nossos agradecimentos.

Em primeiro lugar, queremos registrar nossa gratidão à Federação Espírita Brasileira, particularmente à Diretoria da Instituição pelo apoio e incentivo com que nos acolheram; às pessoas responsáveis pela biblioteca e arquivos, que literalmente abriram todas as portas para que tivéssemos acesso aos originais de livros, revistas e materiais de pesquisa e à equipe de editoração pelo carinho, zelo e competência demonstrados durante o projeto.

Aos nossos companheiros e companheiras da Federação Espírita do Distrito Federal, que nos ofereceram o ambiente propício ao desenvolvimento do estudo e reflexão sobre o Novo Testamento à luz da Doutrina Espírita. Muito do que consta nas introduções aos livros e identificação dos comentários tiveram origem nas reuniões de estudo ali realizadas.

Aos nossos familiares, que souberam compreender-nos as ausências constantes, em especial ao João Vitor, 9 anos, e Ana Clara, 11 anos, que por mais de uma vez tiveram que acompanhar intermináveis reuniões de pesquisa, compilação e conferência de textos. Muito do nosso esforço teve origem no desejo sincero de que os ensinos aqui compilados representem uma oportunidade para que nos mantenhamos cada vez mais unidos em torno do Evangelho.

A Francisco Cândido Xavier, pela vida de abnegação e doação que serviu de estrada luminosa por meio da qual foram vertidas do alto milhares de páginas de esclarecimento e conforto que permanecerão como luzes eternas a apontar-nos o caminho da redenção.

A Emmanuel, cujas palavras e ensinos representam o contributo de uma alma profundamente comprometida com a essência do Evangelho.

A Jesus que, na qualidade de Mestre e Irmão maior, soube ajustar-se a nós, trazendo-nos o seu sublime exemplo de vida e fazendo reverberar em nosso íntimo a sinfonia imortal do amor. Que a semente plantada por esse excelso Semeador cresça e se converta na árvore frondosa da fraternidade, sob cujos galhos possa toda a humanidade se reunir um dia.

A Deus, Inteligência suprema, causa primeira de todas as coisas e Pai misericordioso e bom de todos nós.

Fac-símile do comentário mais antigo a integrar a coleção, referente a JO 10:30, publicado em novembro de 1940 na revista *Reformador*.[1]

---

[1] N.E.: Essa mensagem será publicada no 4º volume da coleção *O Evangelho por Emmanuel*, mas, considerando seu conteúdo e significação, optamos por incluí-la também no início de cada volume.

Apresentação[2]

O Novo Testamento constitui uma resposta sublime de Deus aos apelos aflitos das criaturas humanas.

Constituído por 27 livros, que são: os 4 evangelhos, 1 Atos dos apóstolos, 1 carta do apóstolo Paulo aos Romanos, 2 aos Coríntios, 1 aos Gálatas, 1 aos Efésios, 1 aos Filipenses, 1 aos Colossenses, 2 aos Tessalonicenses, 2 a Timóteo, 1 a Tito, 1 a Filemon, 1 aos Hebreus, 1 carta de Tiago, 2 de Pedro, 3 de João, 1 de Judas e o Apocalipse, de João.

A obra, inspirada pelo Senhor Jesus, que vem atravessando os dois primeiros milênios sob acirradas lutas históricas e teológicas, pode ser considerada como um escrínio de gemas preciosas que rutilam sempre quando observadas.

Negada a sua autenticidade por uns pesquisadores e confirmada por outros, certamente que muitas apresentam-se com lapidação muito especial defluente da época e das circunstâncias em que foram grafadas em definitivo, consideradas algumas como de natureza canônica e outras deuterocanônicas, são definidas como alguns dos mais lindos e profundos livros que jamais foram escritos. Entre esses, o evangelho de Lucas, portador de beleza incomum, sem qualquer demérito para os demais.

Por diversas décadas, o nobre Espírito Emmanuel, através do mediumato do abnegado discípulo de Jesus, Francisco Cândido Xavier, analisou incontáveis e preciosos versículos que constituem o Novo Testamento, dando-lhe a dimensão merecida e o seu significado na atualidade para o comportamento correto de todos aqueles que amam o Mestre ou o não conhecem, sensibilizando os leitores que se permitiram penetrar pelas luminosas considerações.

Sucederam-se centenas de estudos, de pesquisas preciosas e profundas, culminando em livros que foram sendo publicados à medida que eram concluídos.

---

[2] Página psicografada pelo médium Divaldo Pereira Franco, na Mansão do Caminho, em Salvador, Bahia.

Nos desdobramentos dos conteúdos de cada frase analisada, são oferecidos lições psicológicas modernas e psicoterapias extraordinárias, diretrizes de segurança para o comportamento feliz, exames e soluções para as questões sociológicas, econômicas, étnicas, referente aos homens e às mulheres, aos grupos humanos e às Nações, ao desenvolvimento tecnológico e científico, às conquistas gloriosas do conhecimento, tendo como foco essencial e transcendente o amor conforme Jesus ensinara e vivera.

Cada página reflete a claridade solar na escuridão do entendimento humano, contribuindo para que o indivíduo não mais retorne à caverna em sombras de onde veio.

Na condição de hermeneuta sábio, o nobre Mentor soube retirar a *ganga* que envolve o diamante estelar da revelação divina, apresentando-o em todo o seu esplendor e atualidade, porque os ensinamentos de Jesus estão dirigidos a todas as épocas da Humanidade.

Inegavelmente, é o mais precioso conjunto de estudos do Evangelho de que se tem conhecimento através dos tempos, atualizado pelas sublimes informações dos guias da sociedade, conforme a revelação espírita.

Dispondo dos originais que se encontram na Espiritualidade superior, Emmanuel legou à posteridade este inimaginável contributo de luz e de sabedoria.

Agora enfeixados em novos livros, para uma síntese final, sob a denominação *O evangelho por Emmanuel*, podem ser apresentados como o melhor roteiro de segurança para os viandantes terrestres que buscam a autoiluminação e a conquista do reino dos céus a expandir-se do próprio coração.

Que as claridades miríficas destas páginas que se encontram ao alcance de todos que as desejem ler, possam incendiar os sentimentos com as chamas do amor e da caridade, iluminando o pensamento para agir com discernimento e alegria na conquista da plenitude!

Salvador (BA), 15 de agosto de 2013.
JOANNA DE ÂNGELIS

Prefácio

O Novo Testamento é a base de uma das maiores religiões de nosso tempo. Ele traz a vida e os ensinos de Jesus da forma como foram registrados por aqueles que, direta ou indiretamente, tiveram contato com o Mestre de Nazaré e sua mensagem de amor que reverbera pelos corredores da história.

Ao longo dos séculos, esses textos são estudados por indivíduos e comunidades, com o propósito de melhor compreender o seu conteúdo. Religiosos, cientistas, linguistas e devotos, de variados credos, lançaram e lançam mão de suas páginas, ressaltando aspectos diversos, que vão desde a história e confiabilidade das informações nelas contidas, até padrões desejáveis de conduta e crença.

Muitas foram as contribuições, que ao longo de quase dois mil anos, surgiram para o entendimento do Novo Testamento. Essa, que agora temos a alegria de entregar ao leitor amigo, é mais uma delas, que merece especial consideração. Isso porque representa o trabalho amoroso de dois benfeitores, que, durante mais de 70 anos, se dedicaram ao trabalho iluminativo da senda da criatura humana. Emmanuel e Francisco Cândido Xavier foram responsáveis por uma monumental obra de inestimável valor para nossos dias, particularmente no que se refere ao estudo e interpretação da mensagem de Jesus.

Os comentários de Emmanuel sobre o Evangelho encontram-se distribuídos em 138 livros e 441 artigos publicados ao longo de 39 anos nas revistas *Reformador* e *Brasil Espírita*. Por essa razão, talvez poucos tenham a exata noção da amplitude desse trabalho que totaliza 1.616 mensagens sobre mais de mil versículos. Todo esse material foi agora compilado, reunido e organizado em uma coleção, cujo segundo volume é o que ora apresentamos ao público.

Essa coletânea proporciona uma visão ampliada e nova do que representa a contribuição de Emmanuel para o entendimento e resgate do Novo Testamento. Em primeiro lugar, porque possibilita uma abordagem diferente da que encontramos nos livros e artigos, que trazem, em sua maioria, um versículo e um comentário em cada capítulo. Neste trabalho, os comentários foram agrupados pelos versículos a que se referem, possibilitando o estudo e a reflexão sobre os diferentes aspectos abordados pelo autor. Encontraremos, por exemplo, 21 comentários sobre *Mateus* 5:44; 11 comentários sobre *João* 8:32 e 8 sobre *Lucas* 17:21. Ao todo, 305 versículos receberam do autor mais de um comentário. Relembrando antigo ditado judaico, "a Torá tem setenta faces", Emmanuel nos mostra que o Evangelho tem muitas faces, que se aplicam às diversas situações da vida, restando-nos a tarefa de exercitar a nossa capacidade de apreensão e vivência das lições nele contidas. Em segundo lugar, porque a ordem dos comentários obedece à sequência dos 27 textos que compõem o Novo Testamento. Isso possibilitará ao leitor localizar mais facilmente os comentários sobre um determinado versículo. O projeto gráfico foi idealizado também com este fim.

A coleção é composta de sete volumes:
Volume 1 – Comentários ao Evangelho segundo Mateus.
Volume 2 – Comentários ao Evangelho segundo Marcos.
Volume 3 – Comentários ao Evangelho segundo Lucas.
Volume 4 – Comentários ao Evangelho segundo João.
Volume 5 – Comentários aos Atos dos Apóstolos.
Volume 6 – Comentários às Cartas de Paulo.
Volume 7 – Comentários às Cartas universais e Apocalipse.

Em cada volume foram incluídas introduções específicas, com o objetivo de familiarizar o leitor com a natureza e características dos escritos do Novo Testamento, acrescentando, sempre que possível, a perspectiva espírita.

A quantidade de comentários contida nesse segundo volume é significativamente menor do que a do primeiro e merece alguns esclarecimentos. Em primeiro lugar, o *Evangelho segundo Marcos* é de fato o menor dos evangelhos.[3] Em segundo, muitos versículos deste evangelho também estão inseridos nos outros dois sinóticos e, conforme explicado na metodologia, todas as vezes em que não há a indicação explícita de a qual versículo o comentário se refere, havendo a possibilidade de vinculá-lo a Marcos e Mateus, optou-se pela vinculação a Mateus. Em função disso, a tabela de correspondência de versículos é particularmente útil neste volume.

Metodologia

O conjunto das fontes pesquisadas envolveu toda a obra em livros de Francisco Cândido Xavier publicada durante a sua vida; as revistas *Reformador*, de 1927 até 2002 e todas as edições da revista *Brasil Espírita*. Dos 412 livros de Chico Xavier, foram identificados 138 com comentários de Emmanuel sobre o Novo Testamento.

A equipe organizadora optou por atualizar os versículos comentados de acordo com as traduções mais recentes. Isso se justifica porque, a partir da década de 60, os progressos, na área da crítica textual, possibilitaram um avanço significativo no estabelecimento de um texto grego do Novo Testamento, que estivesse o mais próximo possível do original. Esses avanços deram origem a novas traduções, como a *Bíblia de Jerusalém*, bem como correções e atualizações de outras já existentes, como a João Ferreira de Almeida. Todo esse esforço tem por objetivo resgatar o sentido original dos textos bíblicos. Os comentários de Emmanuel apontam na mesma direção, razão pela qual essa atualização foi considerada adequada. Nas poucas ocorrências em que essa opção pode suscitar questões mais complexas, as notas auxiliarão o entendimento. A tradução utilizada para os *Evangelhos* e *Atos* foi a de Haroldo Dutra Dias.

Foram incluídos todos os comentários que indicavam os versículos de maneira destacada ou que faziam referência a eles no título ou no corpo da mensagem.

---

[3] Ver "Introdução ao *Evangelho segundo Marcos*" a seguir para maiores detalhes.

Nos casos em que o mesmo versículo aparece em mais de uma parte do Novo Testamento e que o comentário não deixa explícito a qual delas ele se refere, optou-se por uma, evitando a repetição desnecessária do comentário em mais de uma parte do trabalho. A Tabela de correspondência de versículos traz a relação desses comentários, indicando a escolha feita pela equipe e as outras possíveis.

Os textos transcritos tiveram como fonte primária os livros e artigos publicados pela FEB. Nos casos em que um mesmo texto foi publicado em outros livros, a referência desses está indicada em nota.

A história do projeto *O Evangelho por Emmanuel*

Esse trabalho teve duas fases distintas. A primeira iniciou em 2010, quando surgiu a ideia de estudarmos o Novo Testamento nas reuniões do culto no lar. Com o propósito de facilitar a localização dos comentários de Emmanuel, foi elaborada uma primeira relação ainda parcial. Ao longo do tempo, essa relação foi ampliada e compartilhada com amigos e trabalhadores do movimento espírita.

No dia 2 de março de 2013, iniciou-se a segunda e mais importante fase. Terezinha de Jesus, que já conhecia a relação por meio de palestras e estudos que desenvolvemos no Grupo Espírita Operários da Espiritualidade, comentou com o então e atual vice-presidente da FEB, Geraldo Campetti Sobrinho, que havia um trabalho sobre os comentários de Emmanuel que merecia ser conhecido. Geraldo nos procurou e marcamos uma reunião para o dia seguinte, na sede da FEB, às nove horas da manhã. Nessa reunião, o que era apenas uma relação de 29 páginas tornou-se um projeto de resgate, compilação e organização do que é um dos maiores acervos de comentários sobre o Evangelho. A realização dessa empreitada seria impensável para uma só pessoa, por isso uma equipe foi reunida e um intenso cronograma de atividades foi elaborado. As reuniões para acompanhamento, definições de padrões, escolhas de metodologias e análise de situações ocorreram praticamente todas as semanas desde o início do projeto até a sua conclusão.

O que surgiu inicialmente em uma reunião familiar composta por algumas pessoas em torno do Evangelho, hoje está colocado à disposição do grande público, com o desejo sincero de que a imensa família humana se congregue cada vez mais em torno desse que é e será o farol imortal a iluminar o caminho de nossas vidas. Relembrando o Mestre inesquecível em sua confortadora promessa:

Pois onde dois ou três estão reunidos em meu nome, aí estou no meio deles (MT 17:20).

Brasília (DF), 15 de agosto de 2013
Saulo Cesar Ribeiro da Silva
Coordenador

Introdução ao *Evangelho segundo Marcos*

O *Evangelho segundo Marcos* é o segundo texto que compõe o conjunto de 27 escritos que formam o Novo Testamento. A sua antiguidade e características distintivas fazem deste um dos mais interessantes escritos da Boa-Nova, cuja compreensão passa, necessariamente, por um entendimento das circunstâncias que cercaram o seu surgimento, seu autor e destinatários.

Quase todos os estudiosos da atualidade consideram que a compilação deste Evangelho é a mais antiga. Aqui, contudo, vale lembrar que compilação e redação são processos distintos. Mesmo sendo considerado o mais antigo, ele é certamente herdeiro de fontes orais e ou escritas, que foram integradas no texto que chegou aos nossos dias.

Em termos de extensão, ele é o menor dos evangelhos, contendo 678 versículos e a quase totalidade de passagens deste Evangelho está também contida nos dois outros sinóticos (*Mateus* e *Lucas*). Isso é utilizado para justificar a tese de que ele seria o Evangelho mais antigo, e que os redatores de *Mateus* e *Lucas* teriam utilizado esse texto para compor suas próprias narrativas. Apesar disso, a forma, o propósito e a história atribuem a esse texto um caráter singular.

O autor

O autor não pode ser identificado pelo próprio texto, ao contrário de outros escritos do Novo Testamento. Em momento algum encontramos um autor que se autoidentifica, e já no primeiro versículo a afirmação de que este é o "Princípio do Evangelho de Jesus Cristo" denota a intenção de quem o redigiu em manter-se oculto. O Evangelho é de Jesus e é a sua ação e ensino que devem ser lembrados. A autoria atribuída a Marcos é estabelecida pelos títulos de manuscritos antigos, onde se encontra ΚΑΤΑ ΜΑΡΚΟΝ (kata Marcon — literalmente segundo ou de acordo com Marcos) e ΕΥΑΓΓΕΛΙΟΝ ΚΑΤΑ ΜΑΡΚΟΝ (euangélion kata Marcon — evangelho segundo ou de acordo com Marcos). Sabemos, contudo, que esses títulos foram atribuídos pelos copistas, baseando-se mais em tradições do que em evidências internas do próprio texto.

As mais antigas tradições das primeiras comunidades cristãs apontam Marcos como sendo um companheiro de Pedro. Papias[4] identifica Marcos como intérprete ou tradutor de Pedro e Clemente de Alexandria[5] acrescenta que, estando em Roma, Marcos teria escrito o que tinha ouvido e aprendido de Pedro, a pedido daqueles que ouviram as preleções do pescador de Cafarnaum na capital do império. Esse estreito relacionamento pressuposto, entre o ensino de Pedro e o conteúdo do segundo Evangelho, como às vezes é chamado o *Evangelho segundo Marcos*, fez com que alguns no passado, como Tertuliano, tratassem esse texto também como o *Evangelho de Pedro*.[6]

Considerando-se as tradições como verdadeiras, resta a questão de saber quem teria sido Marcos. O nome Marcos ou João Marcos aparece em várias partes do Novo Testamento, como: *Atos dos apóstolos* 12:12; 13:13 e 15:36 a 40; Colossenses 4:10, onde é identificado como sobrinho ou primo de Barnabé; *Filemon* 24, onde somos informados de que ele está junto de Paulo na prisão em Roma; *II Timóteo* 4:11 registra que Paulo pede para que Marcos seja trazido à Roma para cooperar com ele no trabalho de divulgação da Boa-Nova; e Pedro o chama de "meu filho"[7] em *I Pedro* 5:13.

Marcos não fez parte dos doze apóstolos e, portanto, teria que necessariamente colher as informações em fontes que não a

---

[4] Citado por Eusébio em *História Eclesiástica* Livro III.
[5] Citado por Eusébio em *História Eclesiástica* Livro VI.
[6] É importante ressaltar que não existe nenhuma correlação entre o *Evangelho segundo Marcos* e o apócrifo *Evangelho de Pedro* que possui origem notadamente gnóstica.
[7] Obviamente, aqui uma tratativa carinhosa sem que se evidencie consanguinidade já que a palavra "υἱός" (uios) pode ser traduzida por seguidor, descendente ou filho em sentido figurado.

sua própria convivência com Jesus. Alguns, como F. Barth, sugerem que Marcos possa ser o jovem que "fugiu nu" (*Marcos* 14:51 e seguintes), quando da prisão de Jesus. Os argumentos nesse sentido, contudo, são hipotéticos e derivam mais da tentativa de explicar um relato tão peculiar como esse do que por evidências que sustentam essa hipótese.

Destinatários

O *Evangelho segundo Marcos* não foi composto para um público familiarizado com a cultura judaica, sendo quase certo que seus destinatários eram principalmente gentios recém-convertidos ao Cristianismo. Em apoio a essa tese evidencia-se a necessidade de se explicar alguns costumes judaicos, como o hábito de lavar-se antes das refeições, em *Marcos* 7:1 a 13. Se fosse escrito para leitores que conhecessem esses costumes, essa menção teria sido suprimida, como ocorre na passagem paralela em *Mateus* 15:2.[8]

Data e local de composição

As dificuldades de datação do *Evangelho segundo Marcos* repousam, primeiramente, na quase total ausência de informações no próprio texto, que possibilitem uma conexão com eventos históricos conhecidos. Por essa razão, as principais fontes utilizadas são testemunhos externos, como os de Irineu e Clemente, citado por Eusébio. Segundo Irineu,[9] a transmissão do *Evangelho segundo Marcos* se deu quando Pedro deixou Roma. O problema aqui reside no termo "deixou", que é a tradução de ἔξοδος (êxodos), o qual pode tanto significar que Pedro deixou Roma para ir à outra localidade, ou que ele havia já desencarnado. Pelo que

---

[8] Veja a "Introdução ao *Evangelho segundo Mateus*", no primeiro volume dessa série, *O evangelho por Emmanuel:* comentários ao *Evangelho segundo Mateus*.
[9] *Contra as Heresias*, 3.1; 38-41.

nos trás Eusébio,[10] citando Clemente, Pedro ainda estava em Roma quando esse Evangelho foi redigido.

Acredita-se que Pedro tenha sido martirizado na capital do império sob o reinado de Nero,[11] que terminou em 68 d.C. Dessa forma, considerando-se que o *Evangelho segundo Marcos* tenha sido escrito enquanto o apóstolo ainda estava vivo, a data deve ser localizada antes de 68 d.C.

A favor de uma datação mais tardia, é geralmente citado o argumento de que os eventos narrados em MC 13:14 a 23 pressupõem um conhecimento da queda do Templo de Jerusalém, ocorrida em 70 d.C. Isso, contudo, além de negar uma capacidade profética de Jesus, considera uma referência que é, no mínimo, nebulosa à destruição do segundo templo.

Enquanto há poucas dúvidas quanto ao local de redação ter sido Roma, a data aceita entre a maioria dos estudiosos varia entre os anos de 64 a 68 d.C.

Características distintivas

O elemento que já, desde o início, chama a atenção neste Evangelho é que ele nada diz sobre a infância de Jesus. O texto inicia a partir do batismo de João e prossegue em um ritmo quase frenético, relatando viagens, curas, milagres até o episódio da crucificação. Curiosamente, é também muito sucinto no que diz respeito ao relato da ressurreição e das ações do Jesus ressuscitado. A totalidade das ações de Jesus, após a ressurreição, estão no chamado "final longo" deste Evangelho (MC 16:9ss). Há quem acredite que estes versículos finais teriam sido anexados ao texto posteriormente, para suprir a ausência de narrativas pós-ressurreição, visto que um Evangelho, que nada dissesse sobre o que Jesus teria feito depois de ressuscitado, seria um tanto quanto inesperado. Alguns manuscritos importantes,[12]

---

[10] *História eclesiástica*, 6.14.6-7.
[11] Humberto de Campos, na crônica *O natal do apóstolo*, publicado em *Antologia mediúnica do Natal*, 6. ed. FEB, atesta essa tradição.
[12] *Códex Sinaíticus* (ℵ) e *Vaticanus* (B).

apesar de não serem os mais antigos, de fato trazem um texto que termina em MC 16:8.

Algumas passagens são exclusivas deste Evangelho, como: o temor dos familiares de que Jesus esteja fora de si (MC 3:20 a 21); a parábola da semente que cresce por si mesma (MC 4:26 a 29); a cura de um surdo mudo na Decápolis (MC 7:31 a 37); a cura gradual do cego em Betsaida (MC 8:22 a 26); a exortação à vigilância dos servos (MC 13:33 a 37); o já mencionado relato do jovem que fugiu nu (MC 14:51 a 52); e os controversos sinais da fé (MC 16:17 a 18).

O grego de Marcos é as vezes rude e primário, destituído da beleza poética encontrada em Lucas e longe dos longos discursos presentes em João. Isso faz com que o Jesus, que emerge da leitura desse Evangelho, esteja revestido desses elementos.

Perspectiva espírita

Emmanuel informa, no livro *Paulo e Estêvão*, que o autor do segundo Evangelho foi de fato João Marcos. Acrescenta ainda que ele era residente em Jerusalém, filho de Maria Marcos, uma mulher que detinha recursos financeiros significativos e que era irmã de Barnabé, o companheiro de Paulo de Tarso. Marcos era jovem e não deve ter conhecido Jesus em condições de fazer parte do grupo de seus seguidores, se é que o conheceu pessoalmente. Apresenta, ainda, um conjunto de eventos que resumiremos a seguir.

Estando Barnabé e Paulo de retorno à Jerusalém, ali encontram uma situação inesperada, onde o avanço do judaísmo sobre a Casa do Caminho produzira mudanças significativas. O clima original de fraternidade e fidelidade ao Evangelho já não era a tônica vigente, ao ponto de Tiago, que estava substituindo Pedro na liderança, enquanto este estava em viagem para Jope, não acolher os dois missionários. Por isso, eles são forçados a buscar abrigo na casa de Maria Marcos, irmã de Barnabé. É lá que a irmã do ex-levita de Chipre, como Emmanuel às vezes se refere a Barnabé, expressa o seu desejo de que seu filho, João Marcos, siga os labores do Evangelho, acompanhando Paulo e

Barnabé na viagem para Antioquia. Há, nesse momento, um interessante diálogo, em que Paulo, observando que o entusiasmo da mãe excedia o interesse legítimo do jovem, expõem os sacrifícios necessários aos discípulos do Mestre, procurando dissolver as ilusões de facilidades que jamais cruzariam seus caminhos. Diante desses alertas, o jovem se mostra convicto em suas disposições de prosseguir na empreitada.

No caminho entre Jerusalém e Antioquia, Paulo, refletindo sobre a perigosa situação em que se encontrava a comunidade de Jerusalém, elabora e expõe, a Barnabé, o seu projeto de divulgar, de maneira mais decisiva, a Boa-Nova aos gentios. O ex-levita acolhe a ideia com entusiasmo. Os dois comunicam, então, o projeto a João Marcos, que o acata, não sem algum receio quanto aos encargos que a tarefa poderia exigir. Chegando os três a Antioquia, Paulo expõe novamente o projeto de seguir em busca dos gentios aos anciãos daquela comunidade, e dali partem em viagem para a ilha de Chipre. Lá chegando, iniciam em NeaPafos o projeto de divulgação da Boa-Nova aos gentios, e um evento providencial leva Barnabé e Paulo à presença do procônsul Sérgio Paulo, a fim de socorrê-lo face uma doença que o acometia. Agradecido pela cooperação dos dois missionários, Sérgio Paulo oferece os recursos para a edificação do edifício que abrigaria a comunidade dos seguidores de Jesus na cidade. Essa seria a terceira edificação (sendo Jerusalém e Antioquia as duas primeiras) destinada a esse fim e a primeira a ser erguida como fruto do trabalho de Paulo. É em reconhecimento a esse evento e em gratidão ao procônsul romano que o então Saulo adota a grafia romana do seu nome, passando a se chamar Paulo. João Marcos acompanha esse primeiro movimento na ilha de Chipre, não sem sentir um assombro pelo extremado interesse em relação aos gentios e um afastamento dos preceitos mais rígidos relacionados à antiga Lei.

Dali, partem para Panfília, sob queixas do jovem filho de Maria Marcos, ante as exigências do labor. O auge do seu descontentamento começa quando se vê forçado a se dedicar às atividades de preparação dos alimentos e, quando recebe a notícia de que de Perge partiriam para Antioquia da Psídia, ele desiste da tarefa e volta à Jerusalém. João Marcos fracassara em sua primeira tentativa de seguir o Evangelho. Em sua despedida, ouviu de Paulo uma advertência quanto à necessidade de o discípulo do Evangelho manter-se em constante atividade, visto que muitos fracassaram quando cederam espaço ao descanso indevido e à invigilância.

Mais tarde, esse exemplo de fraqueza do jovem foi o motivo pelo qual Paulo rejeitou a proposta de Barnabé de novamente trazê-lo para junto deles em nova missão. Isso acabou por resultar na separação de Paulo e Barnabé, tendo este seguido novamente para Chipre, em companhia de João Marcos, enquanto o apóstolo da gentilidade prosseguiu em outra direção.[13]

Ao final da vida de Paulo, contudo, as dificuldades e labores já haviam produzido o necessário amadurecimento do jovem Marcos e ele já gozava de reconhecimento e respeito perante o convertido de Damasco. Em sua segunda carta a Timóteo, Paulo pede que Marcos seja enviado à Roma para auxiliá-lo nos trabalhos da Boa-Nova. O tempo e o esforço haviam moldado o caráter desse jovem, que jamais esqueceria a importância da atividade constante no serviço do bem.

Esse alongado resumo das informações constantes, principalmente do capítulo 4 da segunda parte do livro *Paulo e Estêvão*, nos auxilia a compreender as experiências que marcaram esse evangelista, cujos ecos se verificam no texto de um Evangelho que enfoca sobremaneira o exemplo das ações constantes de Jesus.

Um evangelho de ação

Mais do que em qualquer outro texto, o Jesus que *Marcos* revela é alguém que age no mundo, que o transforma através de ações sobre indivíduos, grupos e coletividades, sabendo, de antemão que essas ações o conduzirão para o sacrifício supremo. Ele está presente no socorro às dores e problemas, curando e

---

[13] Ver *Atos dos apóstolos*, 15:36 a 39

solucionando-os. Essas curas e milagres, contudo, não devem ser vistas somente como materiais, pois ao mesmo tempo em que ele trata o corpo, seu objetivo é a alma. O Jesus que salva é o que cura e, portanto, espera um despertar para as realidades espirituais que cercam a criatura humana.

Como vimos, para um público que não conheceu Jesus, era importante demonstrar que ele agiu e continuará agindo, cabendo a cada um de nós prosseguir no seu exemplo, trabalhando e servindo, amparando e socorrendo, lembrando que na tarefa de edificação de si mesmo, o discípulo será convidado a reconhecer que não há transformação sem esforço, nem edificação no bem sem perseverança. Talvez, essa seja uma das mais expressivas mensagens desse Evangelho, redigido por alguém que, como poucos, sofreu as angústias de ter fraquejado quando era necessário prosseguir servindo, mas que soube levantar-se de suas próprias limitações e encontrar o Mestre no campo do trabalho.

Comentários ao Evangelho Segundo Marcos

E dizendo: Está completado o tempo, e está próximo o reino de Deus; arrependei-vos e crede no Evangelho.

Marcos
1:15

O reino de Deus está próximo

Muitas vezes, disse-nos o Senhor: "O reino de Deus está próximo".

E até hoje milhares de criaturas aguardam-lhe a vinda, através de espetaculosos eventos exteriores.

Muitos esperam-no, por intermédio de cataclismos inomináveis e mentalizam telas fantasmagóricas, incompatíveis com a divina Misericórdia que nos preside os destinos...

Trovões ribombando no firmamento...

Maremotos e terremotos...

Raios destruidores a se derramarem do céu...

Multidões amotinadas promovendo devastações e ruínas...

Fluidos comburentes na atmosfera, transformando-a em fogo devorador...

Bombas fulminantes aniquilando nações inteiras...

E contam, quase sempre, com o absurdo e com o fantástico, para que se sintam no portal da grande transformação.

Sem dúvida que semelhantes flagelos podem sobrevir a qualquer momento na experiência das criaturas e no campo da natureza, contudo, longe de significarem o reino divino apenas revelam imperativos de nova luta e com serviço mais áspero para quantos se enfileiram nos quadros evolutivos da humanidade.

O reino de Deus está próximo, sim, mas, antes de tudo, em nossa capacidade de construí-lo por dentro de nós, através do céu que possamos oferecer à alma do próximo.

Atendamos ao cumprimento do dever que a vida nos atribui, colaborando quanto possível pela vitória do bem a atender o amor que o Mestre nos legou e alcançaremos, com a urgência possível, o clima celestial para nós e para os outros.

É por isso que Jesus igualmente foi positivo e justo quando afirmou:

Mc
1:15

"Quando se vos disser o reino de Deus permanece ali ou acolá não acrediteis, porque, em verdade, o reino de Deus está dentro de vós".

(Irmão. Ed. IDEAL. Cap. 12)

E os chamou imediatamente. [...]

Marcos
1:20

Ouçamos

Em alguns círculos do Cristianismo, semelhante passagem, alusiva ao encontro do Senhor com os discípulos, é interpretada simplesmente como sendo um apelo do Cristo ao ministério religioso.

Todavia, podemos imprimir-lhe significado mais amplo.

Em cada situação do caminho, é possível registrar o chamamento celeste.

No templo familiar, onde surgem problemas difíceis...

Ante o companheiro desconhecido, que pede cooperação...

À frente do adversário, que espera entendimento e tolerância...

Ao pé do enfermo, que aguarda assistência e carinho...

À face do ignorante, que reclama socorro e ensinamento...

Junto à criança, que roga bondade e compreensão...

Por onde formos, Jesus, Mestre Silencioso, nos chama ao testemunho da lição que aprendemos.

Nas menores experiências, no trabalho ou no lazer, no lar ou na via pública, eis que nos convida ao exercício incessante do bem.

Nesse sentido, o discípulo do Evangelho encontra no mundo o santuário de sua fé e na humanidade a sua própria família.

Assinalando, pois, a norma cristã, como inspiração para todas as lides cotidianas, ouçamos a palavra do Senhor em todos os ângulos do caminho, procurando segui-lo com invariável fidelidade, hoje e sempre.

(*Fonte viva*. FEB Editora. Cap. 153)

Dizendo: O que queres de nós, Jesus Nazareno? Vieste destruir-nos? Sei quem tu és: O santo de Deus.

Marcos 1:24

Que temos com o Cristo?

Grande erro supor que o divino Mestre houvesse terminado o serviço ativo, no Calvário.

Jesus continua caminhando em todas as direções do mundo; seu Evangelho redentor vai triunfando, palmo a palmo, no terreno dos corações.

Semelhante circunstância deve ser lembrada porque também os Espíritos maléficos tentam repelir o Senhor diariamente.

Refere-se o evangelista a entidades perversas que se assenhoreavam do corpo da criatura. Entretanto, essas inteligências infernais prosseguem dominando vastos organismos do mundo.

Na edificação da política, erguida para manter os princípios da ordem divina, surgem sob os nomes de discórdia e tirania; no comércio, formado para estabelecer a fraternidade, aparecem com os apelidos de ambição e egoísmo; nas religiões e nas ciências, organizações sagradas do progresso universal, acodem pelas denominações de orgulho, vaidade, dogmatismo e intolerância sectária.

Não somente o corpo da criatura humana padece a obsessão de Espíritos perversos. Os agrupamentos e instituições dos homens sofrem muito mais.

E quando Jesus se aproxima, com o Evangelho, pessoas e organizações indagam com pressa: "Que temos com o Cristo? que temos a ver com a vida espiritual?".

É preciso permanecer vigilante à frente de tais sutilezas, porquanto o adversário vai penetrando também os círculos do Espiritismo evangélico, vestido nas túnicas brilhantes da falsa ciência.

(*Caminho, verdade e vida*. FEB Editora. Cap. 144)

Diz-lhes: Vamos a outros lugares, aos que possuem povoados, para que também ali proclame, pois vim para isto.

Marcos
1:38

Pregações

Neste versículo de Marcos, Jesus declara ter vindo ao mundo para a pregação. Todavia, como a significação do conceito tem sido erroneamente interpretada, é razoável recordar que, com semelhante assertiva, o Mestre incluía no ato de pregar todos os gestos sacrificiais de sua vida.

Geralmente, vemos na Terra a missão de ensinar muito desmoralizada.

A ciência oficial dispõe de cátedras, a política possui tribunas, a religião fala de púlpitos. Contudo, os que ensinam, com exceções louváveis, quase sempre se caracterizam por dois modos diferentes de agir. Exibem certas atitudes quando pregam, e adotam outras quando em atividade diária. Daí resulta a perturbação geral, porque os ouvintes se sentem à vontade para mudar a "roupa do caráter".

Toda dissertação moldada no bem é útil. Jesus veio ao mundo para isso, pregou a verdade em todos os lugares, fez discursos de renovação, comentou a necessidade do amor para a solução de nossos problemas. No entanto, misturou palavras e testemunhos vivos, desde a primeira manifestação de seu apostolado sublime até a cruz. Por pregação, portanto, o Mestre entendia igualmente os sacrifícios da vida. Enviando-nos divino ensinamento, nesse sentido, conta-nos o Evangelho que o Mestre vestia uma túnica sem costura na hora suprema do Calvário.

(*Caminho, verdade e vida*. FEB Editora. Cap. 38)

Não podendo trazer-lhe, por causa da turba, após remover a cobertura do teto onde ele estava, cavando-a, baixam o catre no qual o paralítico jazia.

Marcos 2:4

O paralítico

Muitas pessoas confessam sua necessidade do Cristo, mas frequentemente alegam obstáculos que lhes impedem a sublime aproximação.

Uns não conseguem tempo para a meditação, outros experimentam certas inquietudes que lhes parecem intermináveis.

Todavia, para que nos sintamos na vizinhança do Mestre, como legítimos interessados em seus benefícios imortais, faz-se imprescindível estender a capacidade, dilatar os recursos próprios e marchar ao encontro dele, sob a luz da fé viva.

Relata-nos o *Evangelho de Marcos* a curiosa decisão do paralítico que, localizando a casa em que se achava o Senhor, plenamente sitiada pela multidão, longe de perder a oportunidade, amparou-se no auxílio dos amigos, deixando-se resvalar por um buraco, levado a efeito no telhado, de maneira a beneficiar-se no contato do Salvador, aproveitando fervorosamente o ensejo divino.

Recorda o paralítico de Cafarnaum e, na hipótese de encontrares grandes dificuldades para gozar a presença do Cristo, pelos teus impedimentos de ordem material, dirige-te para o Alto, com o amparo de teus amigos espirituais, e deixa-te cair aos seus pés divinos, recebendo forças novas que te restabeleçam a paz e o bom ânimo.

(*Caminho, verdade e vida.* FEB Editora. Cap. 118)

Passando adiante dali, viu Levi, [filho] de Alfeu, sentado na coletoria, e diz-lhe: Segue-me. Após levantar-se, ele o seguiu.

Marcos 2:14

Levantar e seguir[14]

É interessante notar que, por todos os recantos onde Jesus deixou o sinal de sua passagem, houve sempre grande movimentação no que se refere ao ato de levantar e seguir.

André e Tiago deixam as redes para acompanhar o Salvador. Mateus levanta-se para segui-lo. Os paralíticos que retomam a saúde se erguem e andam. Lázaro atende-lhe ao chamamento e levanta-se do sepulcro. Em dolorosas peregrinações e profundos esforços da vontade, Paulo de Tarso procura seguir o Mestre divino, entre açoites e sofrimentos, depois de se haver levantado às portas de Damasco. Numerosos discípulos do Evangelho, nos tempos apostólicos, acordaram de sua noite de ilusões terrestres, ergueram-se para o serviço da redenção e demandaram os testemunhos santificados no trabalho e no sacrifício.

Isso constitui um acervo de lições muito claras ao espírito religioso dos últimos tempos.

A maioria dos cristãos vai adotando, em quase todos os seus trabalhos, a lei do menor esforço. Muitos esperam pela visita pessoal de Jesus, no conforto das poltronas acolhedoras, outros fazem preces, por intermédio dos discos. Há os que desejam comprar a tranquilidade celeste com as espórtulas generosas, como também os que, sem nenhum trabalho em si próprios, aguardam intervenções sobrenaturais dos mensageiros do Cristo pelo bem estar de sua vida.

---

[4] Texto publicado em *Levantar e seguir*. Ed. GEEM. Cap. "Levantar e seguir", com pequenas alterações. *Segue-me!...* Ed. O Clarim. Cap. "Segue-me! E ele o seguiu..."

Mc
2:14

Pergunta a ti mesmo se estás seguindo a Jesus, ou apenas as normas do culto externo do teu modo de filiação ao Evangelho. Isso é muito importante, porque levantar e renovar-se ainda é o nosso lema.

(*Reformador*, jan. 1942, p. 1)

Jesus, ouvindo [isso], diz: Os sãos não têm necessidade de médico, mas os que estão doentes. Não vim chamar justos, mas pecadores.

Marcos 2:17

Doença e remédio[15]

No trato com as chagas da ignorância, na esfera da humanidade, quais sejam a incompreensão e o crime, a crueldade e a rebeldia, anotemos a conduta da Misericórdia divina, no quadro das doenças terrestres.

Porque alguém acusa os reflexos tóxicos dessa ou daquela enfermidade, não sofre condenação a permanente desajuste. Recebe a atenção da Ciência, que lhe examina as possiblidades de cura ou melhoria.

Porque o médico deve tocar detritos corruptores, não lhe impele a saúde à perturbação e ao relaxamento. Dá-lhe luvas protetoras.

Porque processos infecciosos alterem a constituição celular nessa ou naquela parte da província corpórea, não sentencia a zona atacada a simples extirpação. Oferta-lhe recurso adequado para que elimine a infestação virulenta.

Se grandes lesões comparecem na estrutura do carro físico, ameaçando-lhe a segurança, traça o plano necessário à intervenção cirúrgica, mas não deixa o doente a insular-se no desespero, estendendo-lhe à dor o amparo da anestesia.

Se moléstias epidêmicas surgem, insidiosas, distribui a vacinação que susta o contágio.

Vemos, assim, que a Lei de Deus não se conforma com o mal; ao contrário, opõe-lhe a cada instante o socorro do bem.

---

[15] Texto publicado em *Canais da vida*. Ed. Cultura Espírita União. Cap. 18, com pequenas alterações.

Mc
2:17

Dessa forma, se os agentes da lama se infiltram no teu passo, exibindo-te aos olhos perigosas ações de discórdia e infortúnio naqueles que mais amas, não podes realmente acomodar-te aos golpes com que te impelem, rudes, à imersão na maldade, mas podes esparzir a água viva do amor, ajudando em silêncio as vítimas da treva que tombam sem saber que se arrastam no lodo.

Usa, pois, cada hora, a compaixão sem termos e o perdão sem limites, porque o próprio Jesus, perante os nossos males, exclamou, complacente: "Em verdade, eu não vim para curar os sãos".

(*Reformador*, maio 1960, p. 114)

Dizia-lhes: O sábado foi feito por causa do homem, e não o homem por causa do sábado.

Marcos
2:27

Convenções

O sábado, nesta passagem evangélica, simboliza as convenções organizadas para o serviço humano. Há criaturas que por elas sacrificam todas as possibilidades de elevação espiritual. Quais certos encarregados dos serviços públicos que adiam indefinidamente determinadas providências de interesse coletivo, em virtude da ausência de um selo minúsculo, pessoas existem que, por bagatelas, abandonam grandes oportunidades de união com a esfera superior.

Ninguém ignora o lado útil das convenções. Se fossem totalmente imprestáveis, o Pai não lhes permitiria a existência no jogo das circunstâncias. São tabelas para a classificação dos esforços de cada um, tábuas que designam o tempo adequado a esse ou àquele mister; todavia, transformá-las em preceito inexpugnável ou em obstáculo intransponível constitui grave dano à tranquilidade comum.

A maioria das pessoas atende-as, antes da própria obediência a Deus; entretanto, o Altíssimo dispôs todas as organizações da vida para que ajudem a evolução e o aprimoramento dos filhos.

O próprio planeta foi edificado por causa do homem.

Se o Criador foi a esse extremo de solicitude em favor das criaturas, por que deixarmos de satisfazer-lhe os divinos desígnios, prendendo-nos às preocupações inferiores da atividade terrestre?

As convenções definem, catalogam, especificam e enumeram, mas não devem tiranizar a existência. Lembra-te de que foram dispostas no caminho a fim de te servirem. Respeita-as, na feição justa e construtiva; contudo, não as convertas em cárcere.

(*Pão nosso*. FEB Editora. Cap. 30)

> *[...] Estende a mão. Ele a estendeu, e foi restaurada, como a outra.*

Marcos
3:5

Mãos estendidas

Em todas as casas de fé religiosa, há crentes de mãos estendidas, suplicando socorro...

Almas aflitas revelam ansiedade, fraqueza, desesperança e enfermidades do coração.

Não seremos todos nós, encarnados e desencarnados, que algo rogamos à Providência divina, semelhantes ao homem que trazia a mão seca?

Presos ao labirinto criado por nós mesmos, eis-nos a reclamar o auxílio do divino Mestre...

Entretanto, convém ponderar a nossa atitude.

É justo pedir e ninguém poderá cercear quaisquer manifestações da humildade, do arrependimento, da intercessão.

Mas é indispensável examinar o modo de receber.

Muita gente aguarda a *resposta materializada* de Jesus.

Esse espera o dinheiro, aquele conta com a evidência social de improviso, aquele outro exige a imediata transformação das circunstâncias no caminho terrestre...

Observemos, todavia, o socorro do Mestre ao paralítico.

Jesus determina que ele estenda a mão mirrada e, estendida essa, não lhe confere bolsas de ouro nem fichas de privilégio. Cura-a. Devolve-lhe a oportunidade de serviço.

A mão recuperada naquele instante permanece tão vazia quanto antes.

É que o Cristo restituía-lhe o ensejo bendito de trabalhar, conquistando sagradas realizações por si mesmo; recambiava-o às lides redentoras do bem, nas quais lhe cabia edificar-se e engrandecer-se.

A lição é expressiva para todos os templos da comunidade cristã.

Quando estenderes tuas mãos ao Senhor, não esperes facilidades, ouro, prerrogativas... Aprende a receber-lhe a assistência, porque o Divino Amor te restaurará as energias, mas não te proporcionará qualquer fuga às realizações do teu próprio esforço.

Mc 3:5

(*Fonte viva*. FEB Editora. Cap. 174)

> *Convocando-os, dizia-lhes em parábolas: Como pode Satanás expulsar Satanás?*
>
> Marcos 3:23

No trato com o Invisível

Esta passagem do Evangelho é sumamente esclarecedora para os companheiros da atualidade que, nas tarefas do Espiritismo cristão, se esforçam por auxiliar desencarnados infelizes a se equilibrarem no caminho redentor.

Ninguém aguarde êxito imediato, ao procurar amparar os que se perderam na desorientação.

É impossível dispensar a colaboração do tempo para que se esclareçam as personagens das tragédias humanas e, segundo sabemos, nem mesmo os apóstolos conseguiram, de pronto, convencer as entidades perturbadas, quanto ao realismo de sua perigosa situação. Todavia, sem atitudes esterilizantes, muito pode fazer o discípulo no setor dessas atividades iluminativas. Na atualidade, companheiros devotados ao serviço ainda sofrem a perseguição dos adversários da luz, que lhes atribuem sombrio pacto com poderes perversos. O sectarismo religioso cognomina-os sequazes de Satanás, impondo-lhes torturas e humilhações.

No entanto, as mesmas objurgatórias e recriminações descabidas foram atiradas ao Mestre divino pelo sacerdócio organizado de seu tempo. Atendendo aos enfermos e obsidiados, entregues a destrutivas forças da sombra, recebeu Jesus o título de feiticeiro, filho de Belzebu. Isso constitui significativa recordação que, naturalmente, infundirá muito conforto aos discípulos novos.

(*Caminho, verdade e vida*. FEB Editora. Cap. 146)

Amém vos digo: Todas [as coisas] serão perdoadas aos filhos dos homens, os pecados e as blasfêmias, que blasfemarem. Quem, porém, blasfemar contra o Espírito Santo, não tem perdão jamais, mas é culpado de pecado eterno.

Marcos 3:28-29

Pergunta 303 do livro *O consolador*

Pergunta: Qual o sentido do ensinamento evangélico: "Todos os pecados ser-vos-ão perdoados, menos os que cometerdes contra o Espírito Santo"?

Resposta: A aquisição do conhecimento espiritual, com a perfeita noção de nossos deveres, desperta em nosso íntimo a centelha do Espírito divino, que se encontra no âmago de todas as criaturas.

Nesse instante, descerra-se à nossa visão profunda o santuário da luz de Deus, dentro de nós mesmos, consolidando e orientando as nossas mais legítimas noções de responsabilidade na vida.

Enquanto o homem se desvia ou fraqueja, distante dessa iluminação, seu erro justifica-se, de alguma sorte, pela ignorância ou pela cegueira. Todavia, a falta cometida com a plena consciência do dever, depois da bênção do conhecimento interior, guardada no coração e no raciocínio, essa significa o "pecado contra o Espírito Santo", porque a alma humana estará, então, contra si mesma, repudiando as suas divinas possibilidades.

É lógico, portanto, que esses erros são os mais graves da vida, porque consistem no desprezo dos homens pela expressão de Deus, que habita neles.

(*O consolador*. FEB Editora. Pergunta 303)

Pois quem fizer a vontade de Deus, esse é meu irmão, e irmã, e mãe.

Marcos
3:35

Familiares

Parentela — instituto primário de caridade.

Fora do lar, é possível o sossego na consciência, distribuindo as sobras de dinheiro ou do tempo, aliás, com o mérito de quem sabe entesourar a beneficência.

Nada difícil suportar o agressor desconhecido que raramente conseguiremos rever.

Nenhum sacrifício em amparar o doente, largado na rua, a quem não nos vinculamos em compromisso direto. Em casa, porém, somos constrangidos ao exercício da assistência constante.

É aí, no reduto doméstico, por trás das paredes que nos isolam do aplauso público, que a Providência divina nos experimenta a madureza mental ou o proveito dos bons conselhos que ministramos.

Nós que, de vez em vez, desembolsamos sorrindo pequena parcela de recursos amoedados, em benefício dos outros, estamos incessantemente convocados a sustentar os familiares que precisam de nós, não apenas mobilizando possibilidades materiais, mas também apoio e compreensão, disciplina e exemplo, resguardando as forças que nos asseguram felicidade.

Anseias por encargos sublimes, queres a convivência das entidades superiores, sonhas com a posse de dons luminescentes, suspiras pela ascensão espiritual!...

Contempla, no entanto, o espaço estreito que te serve de moradia e lembra-te da criança na escola.

Em cada companheiro que partilha a consanguinidade, temos um livro de ações que, às vezes, nos detém o passo por tempo enorme, no esforço da repetência. Cada um deles nos impele a desenvolver determinadas virtudes; num, a paciência, noutro, a lealdade, e ainda em outros, o equilíbrio e a abnegação, a firmeza e a brandura!

A pretexto de auxiliar a humanidade, não fujas do cadinho fervente de lutas em que a vida te colocou sob o telhado em que respiras. Anda mesmo ao preço de todos os valores da existência física, refaze milhares de vezes, as tuas demonstrações de humildade e serviço, perante as criaturas que te cercam, ostentando os títulos de pai ou mãe, esposo ou esposa, filhos ou irmãos, porque é de tua vitória moral junto deles que depende a tua admissão definitiva, entre os amados que te esperam, nas vanguardas de luz, em perpetuidade de regozijo na Família maior.

Mc 3:35

(*Livro da esperança*. Ed. Comunhão Espírita Cristã. Cap. 39)

> *Ouvi! Eis que o semeador saiu a semear.*
>
> Marcos 4:3

Ante o divino Semeador[16]

Jesus é o Semeador da Terra e a humanidade é a lavoura de Deus em suas mãos.

Lembremo-nos da renúncia exigida à semente chamada à produção que se destina ao celeiro para que não venhamos a sucumbir em nossas próprias tarefas.

Atirada ao ninho escuro da gleba em que lhe cabe desabrochar, sofre extremo abandono, sufocada ao peso do chão que lhe esmaga o envoltório.

Sozinha e oprimida, desenfaixa-se das forças inferiores que a constringem, a fim de que os seus princípios germinativos consigam receber a bênção do céu.

Contudo, mal se desenvolve, habitualmente padece o assalto de vermes que lhe maculam o seio, quando não experimenta a avalancha de lama, por força dos temporais.

Ainda assim, obscura e modesta, a planta nascida crê instintivamente na sabedoria da natureza que lhe plasmou a existência e cresce para o brilho solar, vestindo-se de frondes tenras e florindo em melodias de perfume e beleza para frutificar, mais tarde, nos recursos que sustentam a vida.

À frente do Semeador sublime, não esmoreças ante os pesares da incompreensão e do isolamento, das tentações e das provas aflitivas e rudes.

Crê no Poder divino que te criou para a imortalidade e, no silêncio do trabalho incessante no bem a que foste trazido, ergue-te para a Luz soberana, na certeza de que, através da

---

[16] Texto publicado em *Antologia mediúnica do natal*. FEB Editora. Cap. 16.

integração com o amor que nos rege os destinos, chegarás sob a generosa proteção do celeste Pomicultor, à frutificação da verdadeira felicidade.

(*Ceifa de luz*. FEB Editora. Cap. 50)

Mc
4:3

Os [que estão] à beira do caminho, onde a palavra é semeada, são estes: quando ouvem, imediatamente vem Satanás e tira a palavra semeada neles.

Marcos
4:15

Nas estradas

Jesus é o nosso caminho permanente para o divino Amor.

Junto dele seguem, esperançosos, todos os espíritos de boa vontade, aderentes sinceros ao roteiro santificador.

Dessa via bendita e eterna procedem as sementes da Luz celestial para os homens comuns.

Faz-se imprescindível muita observação das criaturas, para que o tesouro não lhes passe despercebido.

A semente santificante virá sempre, entre as mais variadas circunstâncias.

Qual ocorre ao vento generoso que espalha, entre as plantas, os princípios de vida, espontaneamente, a bondade invisível distribui com todos os corações a oportunidade de acesso à senda do amor.

Quase sempre a centelha divina aparece nos acontecimentos vulgares de cada dia, num livro, numa particularidade insignificante do trabalho, na prestimosa observação de um amigo.

Se o terreno de teu coração vive ocupado por ervas daninhas e se já recebeste o princípio celeste, cultiva-o com devotamento, abrigando-o nas leiras de tua alma. O verbo humano pode falhar, mas a Palavra do Senhor é imperecível. Aceita-a e cumpre-a, porque, se te furtas ao imperativo da vida eterna, cedo ou tarde o anjo da angústia te visitará o espírito, indicando-te novos rumos.

(*Pão nosso*. FEB Editora. Cap. 25)

[...] então, ocorrendo provação ou perseguição [...].

Marcos
4:17

Depois...

Toda a gente conhece a ciência de começar as boas obras.

Aceita-se o braço de um benfeitor, com exclamações de júbilo, todavia, depois... quando desaparece a necessidade, cultiva-se a queixa descabida, no rumo da ingratidão declarada, afirmando-se — "ele não é tão bom quanto parece".

Inicia-se a missão de caridade, com entusiasmo santo, contudo, depois... ao surgirem os primeiros espinhos, proclama-se a falência da fé, gritando-se com toda força — "não vale a pena".

Empreende-se a jornada da virtude e aproveita-se o estímulo que o Senhor concede à alma, por meio de mil recursos diferentes, entretanto, depois... quando a disciplina e o sacrifício cobram o justo imposto devido à iluminação espiritual, clama-se com enfado — "assim também, não".

Ajuda-se a um companheiro da estrada, com extremado carinho, adornando-se-lhe o coração de flores encomiásticas, no entanto, depois... se a nossa sementeira não corresponde à ternura exigente, abandonamo-lo aos azares da senda, asseverando com ênfase — "não posso mais".

Todos sabem principiar o ministério do bem, poucos prosseguem na lide salvadora, raríssimos terminam a tarefa edificante.

Entretanto, por outro lado, as perigosas realizações da perturbação e da sombra se concretizam com rapidez.

Um companheiro começa a trair os seus compromissos divinos e efetua, sem demora, o que deseja.

Outro enceta a plantação do desânimo e, lesto, alcança os fins a que se propõe.

Outro, ainda, inicia a discórdia e, sem detença, cria a desarmonia geral.

Realmente, é muito difícil perseverar no bem e sempre fácil atingir o mal.

Todavia, depois...

Mc
4:17

(*Vinha de luz*. FEB Editora. Cap. 180)

E as ansiedades da era, o engano da riqueza, os desejos a respeito das demais [coisas] penetram, sufocam a palavra, e torna-se infrutífera.

Marcos
4:19

Fé

A árvore da fé viva não cresce no coração, miraculosamente.

Qual acontece na vida comum, o Criador dá tudo, mas não prescinde do esforço da criatura.

Qualquer planta útil reclama especial atenção no desenvolvimento.

Indispensável cogitar-se do trabalho de proteção, auxílio e defesa. Estacadas, adubos, vigilância, todos os fatores de preservação devem ser postos em movimento, a fim de que o vegetal precioso atinja os fins a que se destina.

A conquista da crença edificante não é serviço de menor esforço.

A maioria das pessoas admite que a fé constitua milagrosa auréola doada a alguns espíritos privilegiados pelo favor divino.

Isso, contudo, é um equívoco de lamentáveis consequências.

A sublime virtude é construção do mundo interior, em cujo desdobramento cada aprendiz funciona como orientador, engenheiro e operário de si mesmo.

Não se faz possível a realização, quando excessivas ansiedades terrestres, de parceria com enganos e ambições inferiores, torturam o campo íntimo, à maneira de vermes e malfeitores, atacando a obra.

A lição do Evangelho é semente viva.

O coração humano é receptivo, tanto quanto a terra.

É imprescindível tratar a planta divina com desvelada ternura e instinto enérgico de defesa.

Mc
4:19

Há muitos perigos sutis contra ela, quais sejam os tóxicos dos maus livros, as opiniões ociosas, as discussões excitantes, o hábito de analisar os outros antes do autoexame.

Ninguém pode, pois, em sã consciência, transferir, de modo integral, a vibração da fé ao espírito alheio, porque, realmente, isso é tarefa que compete a cada um.

(*Vinha de luz*. FEB Editora. Cap. 40)

[...] Vede o que ouvis! [...]

Marcos
4:24

Atentai vós que ouvis[17]

Frequentemente lastimamos enganos de que somos vítimas ou deploramos obstáculos com que não contávamos, absolutamente desvinculados de advertências edificantes que nos enriquecem a alma.

Esperamos que amigos nos evitem aborrecimentos, que instrutores nos garantam o passo...

As leis que nos regem, contudo, se expressam por evolução, crescimento, disciplina, responsabilidade.

Uma criança, nos primeiros tempos da experiência física, decerto contará com o amparo materno ou com o auxílio de pajens dedicados, a fim de equilibrar-se nos próprios pés; todavia, o tempo desenvolver-lhe-á entendimento e forma, situando-a na idade da razão. Chegada a esse ponto, a criatura já não pode refugiar-se no regaço alheio para obter apoio e condução. Colocada entre os adultos, que gravitam em torno de interesses variados, é compelida a defrontar-se com os problemas que lhe digam respeito, de modo a resolvê-los, com vistas à própria sublimação espiritual.

Imperioso, dessa forma, que não se renda culto à desatenção nos caminhos da vida. Nos menores e maiores acontecimentos do cotidiano, é preciso saibamos analisar, de raciocínio sereno, que sugestões edificantes a fé nos proporciona ou que lições vivas a experiência nos traz.

Imaginemos alguém atravessando a via pública sem a menor consideração para com os avisos do trânsito, ou

---

[17] Texto publicado em *Bênção de paz*. Ed. GEEM. Cap. 12, com pequenas alterações.

contraindo dívidas, sem a mínima ideia de que responderá pelos próprios atos. Claramente que, por fim, esbarrará com desastre e insolvência.

Assim também, na vida moral.

Mc
4:24

Ninguém vive acertadamente sem ponderação, equilíbrio, discernimento, autoexame. Reflitamos em nossos compromissos, deveres, tarefas, necessidades.

Para que nos premunamos contra disparate e imprudência, Jesus foi persuasivo, exortando-nos pelos apontamentos de Marcos: "Atentai vós que ouvis".

(*Reformador*, maio 1965, p. 98)

Pois quem tem, lhe será dado, e quem não tem, até o que tem será tirado dele.

Marcos
4:25

Ter e manter

Reflitamos em alguns quadros da vida:
- a quem se consagra ao serviço, mantendo o trabalho, mais progresso;
- a quem auxilia o próximo, mantendo a fraternidade, mais recursos;
- a quem respeita o esforço alheio, mantendo a colaboração em louvor do bem, mais estima;
- a quem estuda, mantendo a instrução geral, mais cultura;
- a quem cultiva compreensão, mantendo a concórdia, mais clareza;
- a quem confunde os outros, mantendo a obscuridade, mais sombra;
- a quem se queixa, mantendo o azedume, mais desânimo;
- a quem se irrita, mantendo a agressividade, mais desespero;
- a quem cria dificuldades, no caminho dos semelhantes, mantendo obstáculos, mais problemas.

Na mesma diretriz, quem se empenha a compromissos, mantendo dívidas novas, mais deveres e a quem solve obrigações, mantendo novos créditos, mais direitos.

Nós todos — os espíritos em evolução — temos algo a planear e realizar, suprimir e aperfeiçoar no mundo de nós mesmos.

A Doutrina Espírita, desenvolvendo o ensinamento do Cristo, demonstra que, em toda parte, nas realidades do espírito, daquilo que habitualmente mantemos teremos sempre mais.

(*Livro da esperança*. Ed. Comunhão Espírita Cristã. Cap. 58)

Mc
4:25

Quanto mais

"Quanto mais tiveres, mais ser-te-á acrescentado", — disse-nos o Senhor.

Para que lhe compreendamos o ensinamento vejamos a natureza.

Quanto mais repouso na enxada, mais amplo se lhe fará o assédio da ferrugem, conduzindo-a do descanso à plena inutilidade.

Quanto mais estanque o poço, mais envenenadas se lhe farão as águas, passando da inércia à letalidade completa.

Quanto mais abandonado o fruto amadurecido, mais profunda se lhe fará a corrupção, descendo à imprestabilidade.

Eis porque, a Lei estenderá as forças que exteriorizamos, à maneira da lavoura em cujas atividades cada semente produz em regime de multiplicação.

Quanto mais egoísmo – mais aviltamento.
Quanto mais repouso indébito – mais preguiça.
Quanto mais vaidade – mais aflição.
Quanto mais ódio – mais violência.
Quanto mais ciúme – mais desespero.
Quanto mais delinquência – mais remorso.
Quanto mais erro – mais reajuste.
Quanto mais desequilíbrio – mais sofrimento.
Quanto mais trabalho – mais progresso.
Quanto mais boa vontade – mais simpatia.
Quanto mais humildade – mais bênçãos.
Quanto mais bondade – mais triunfo.
Quanto mais serviço – mais auxílio.
Quanto mais perdão – mais respeito.
Quanto mais amor – mais luz.

Examina o que sentes e pensas, o que dizes e fazes, porque a Lei multiplicará sempre os recursos que ofereces à vida, restituindo-te compulsoriamente o bem ou o mal que pratiques, de vez que inferno ou céu, alegria ou dor, facilidade ou obstáculo em nosso caminho, é sempre a Justiça de Deus a expressar-se conosco e por nós, conferindo-nos isso ou aquilo, de conformidade com as nossas próprias obras.

Mc 4:25

O lar é o porto de onde a alma se retira para além do mundo e quem não transporta no coração o lastro da experiência cristã, dificilmente escapará de surpresas inquietantes e dolorosas.

(*Nós*. Ed. Cultura Espírita União. Cap. "Quanto mais")

Menos e mais[18]

Quanto menos trabalho, mais preguiça.
Quanto menos esforço, mais estagnação.
Quanto menos direito, mais insegurança.
Quanto menos serviço, mais miséria.
Quanto menos fé, mais desconfiança.
Quanto menos caridade, mais aspereza.
Quanto menos entendimento, mais perturbação.
Quanto menos bondade, mais intolerância.
Quanto menos diligência, mais necessidade.
Quanto menos simpatia, mais obstáculos.
Quanto mais fizeres pelos outros, mais receberás do próximo em teu benefício.
Quanto mais ajudares, mais serás ajudado.
Quanto mais aprenderes, mais saberás.
Quanto mais te aplicares ao bem, mais o bem te glorificará o caminho.
Quanto mais te consagrares ao próprio dever, mais respeito e mais nobreza te coroarão as tarefas.

---

[18] Texto publicado em *Bênçãos de amor*. Ed. Cultura Espírita União. Cap. "Menos e mais", com pequenas alterações.

Mc
4:25

Quanto mais te dedicares ao plantio da fé, pela compreensão de nossa insignificância, à frente do Senhor, mais a fé brilhará em tua fronte.

Quanto mais sacrifícios puderes suportar, mais alta ser-te-á a própria sublimação.

Quanto mais te humilhares, buscando a posição do fiel servidor da divina Bondade, mais engrandecido te farás diante da Lei.

Quanto mais suportares as faltas alheias, usando a paciência e a afabilidade, mais amor conquistarás daqueles que te observam e seguem.

Quanto mais souberes perder nas ilusões da Terra, rendendo culto diário à reta consciência, mais lucrarás na imortalidade vitoriosa.

Recordemos o ensinamento do Cristo — "ao que mais tiver mais lhe será acrescentado".

E, aumentando a nossa boa vontade no trabalho que o Senhor nos concede para as horas de cada dia, estejamos convictos de que mais seguramente avançaremos no rumo de nossa própria libertação.

(*Reformador*, ago. 1954, p. 176)

[...] O reino de Deus é assim como um homem [que] lance a semente sobre a terra.

Marcos
4:26

Na exaltação do trabalho

Para considerar a importância do trabalho, relacionemos particularmente algumas das calamidades da inércia, no plano da natureza.

A casa longamente desabitada afasta-se da missão de albergar os que vagueiam sem teto e, em seguida, passa à condição de reduto dos animais inferiores que a mobilizam por residência.

O campo largado em abandono furta-se ao cultivo dos elementos nobres, necessários à Inteligência na Terra e transforma-se, gradativamente, em deleitoso refúgio da tiririca.

O poço de águas trancadas foge de aliviar a sede das criaturas, convertendo-se para logo em piscina de vermes.

O arado ocioso esquece a alegria de produzir e, com o decurso do tempo, incorpora em si mesmo a ferrugem que o desgasta.

A roupa que ninguém usa distancia-se da tarefa de abrigar quem tirita ao relento e faz-se, pouco a pouco, a moradia da traça que a destrói.

O alimento indefinidamente guardado sem proveito deixa a função que lhe cabe no socorro aos estômagos desnutridos e acaba alentando os agentes da decomposição em que se corrompe.

Onde estiveres, lembra-te de que a vida é caminhada, atividade, progresso, movimento e incessante renovação para o Bem eterno.

Trabalho é o infatigável descobridor.

Mc
4:26

Transpõe dificuldades, desiste da irritação, olvida mágoas, entesoura os recursos da experiência e prossegue adiante.

Quem persevera na preguiça, não somente deserta do serviço que lhe compete fazer, mas abre também as portas da própria alma à sombra da obsessão em que fatalmente se arruinará.

(*Livro da esperança.* Ed. Comunhão Espírita Cristã. Cap. 59)

A terra, [de forma] autônoma, frutifica, primeiro o ramo, depois a espiga, depois o grão cheio na espiga. E quando o fruto der, imediatamente envia a foice, porque chegou a ceifa.

Marcos
4:28-29

O cristão e o mundo

Ninguém julgue fácil a aquisição de um título referente à elevação espiritual. O Mestre recorreu sabiamente aos símbolos vivos da natureza, favorecendo-nos a compreensão.

A erva está longe da espiga, como a espiga permanece distanciada dos grãos maduros.

Nesse capítulo, o mais forte adversário da alma que deseja seguir o Salvador, é o próprio mundo.

Quando o homem comum descansa nas vulgaridades e inutilidades da existência terrestre, ninguém lhe examina os passos. Suas atitudes não interessam a quem quer que seja. Todavia, surgindo-lhe no coração a erva tenra da fé retificadora, sua vida passa a constituir objeto de curiosidade para a multidão. Milhares de olhos, que o não viram quando desviado na ignorância e na indiferença, seguem-lhe, agora, os gestos mínimos com acentuada vigilância. O pobre aspirante ao título de discípulo do Senhor ainda não passa de folhagem promissora e já lhe reclamam espigas das obras celestes; conserva-se ainda longe da primeira penugem das asas espirituais e já se lhe exigem voos supremos sobre as misérias humanas.

Muitos aprendizes desanimam e voltam para o lodo, onde os companheiros não os vejam.

Esquece-se o mundo de que essas almas ansiosas ainda se acham nas primeiras esperanças e, por isso mesmo, em disputas mais ásperas por rebentar o casulo das paixões inferiores na aspiração de subir; dentro da velha ignorância, que lhe é característica, a multidão só entende o homem na animalidade em que se compraz ou, então, se o companheiro pretende elevar-se, lhe exige, de

Mc
4:28-29

pronto, credenciais positivas do céu, olvidando que ninguém pode trair o tempo ou enganar o espírito de sequência da natureza. Resta ao cristão cultivar seus propósitos sublimes e ouvir o Mestre: "Primeiro a erva, depois a espiga e, por último, o grão cheio na espiga".

(*Caminho, verdade e vida.* FEB Editora. Cap. 102)

Paciência e esperança[19]

Quem fala de paciência se refere à esperança.
À vista disso, paciência quer dizer "saber esperar".
Nesse sentido, é justo recorrermos à inesquecível lição evangélica: "primeiro, a semente lançada à terra; depois, a flor na ramaria; em seguida, a formação da espiga e, logo após, o grão surgindo na espiga assegurando a colheita."
Não te retires da calma construtiva na tarefa que o mundo te deu a realizar.
Todas as forças da natureza aguardam com paciência as realizações às quais se destinam.
O fio d'água de uma nascente incorpora-se a outro formando a fonte e a fonte desce para o rio que a depõe na grandeza do mar. O tronco suscetível de auxiliar ao homem na construção da própria moradia não se fez de um momento para outro. O carvão é transformado em diamante no curso dos milênios, sob a ação constante dos agentes químicos do solo.
Se acalentas algum plano de felicidade; se aspiras a conquistar o conhecimento superior; se anseias obter a compreensão de um ente amado ou se desejas a recuperação de um ente querido, trabalha e serve sempre na direção do alvo por atingir, sem desânimo e sem precipitação, contando com Deus, porque as Leis divinas para te garantirem a concretização desse ou daquele propósito, em matéria de execução do bem, apenas te solicitam saber esperar.

(*Pronto socorro.* Ed. Cultura Espírita União. Cap. "Paciência e esperança")

---

[19] Texto publicado em *Espera servindo.* Ed. GEEM. Cap. "Espera trabalhando", com alterações.

Quando semeada, sobe e se torna a maior de todas as hortaliças [...].

Marcos
4:32

Semeadura

É razoável que todos os homens procurem compreender a substância dos atos que praticam nas atividades diárias. Ainda que estejam obedecendo a certos regulamentos do mundo, que os compelem a determinadas atitudes, é imprescindível examinar a qualidade de sua contribuição pessoal no mecanismo das circunstâncias, porquanto é da Lei de Deus que toda semeadura se desenvolva.

O bem semeia a vida, o mal semeia a morte. O primeiro é o movimento evolutivo na escala ascensional para a Divindade, o segundo é a estagnação.

Muitos Espíritos, de corpo em corpo, permanecem na Terra com as mesmas recapitulações durante milênios. A semeadura prejudicial condicionou-os à chamada "morte no pecado". Atravessam os dias, resgatando débitos escabrosos e caindo de novo pela renovação da sementeira indesejável. A existência deles constitui largo círculo vicioso, porque o mal os enraíza ao solo ardente e árido das paixões ingratas.

Somente o bem pode conferir o galardão da liberdade suprema, representando a chave única suscetível de abrir as portas sagradas do Infinito à alma ansiosa.

Haja, pois, suficiente cuidado em nós, cada dia, porquanto o bem ou o mal, tendo sido semeados, crescerão junto de nós, de conformidade com as leis que regem a vida.

(*Caminho, verdade e vida.* FEB Editora. Cap. 35)

> *E com muitas destas parábolas, falava-lhes a palavra, conforme podiam ouvir.*

Marcos 4:33

Não tiranizes

Na difusão dos ensinamentos evangélicos, de quando em quando encontramos pregadores rigorosos e exigentes.

Semelhante anomalia não se verifica apenas no quadro geral do serviço. Na esfera particular, não raro, surgem amigos severos e fervorosos que reclamam desesperadamente a sintonia dos afeiçoados com os princípios religiosos que abraçaram.

Discussões acerbas se levantam, tocando a azedia venenosa.

Belas expressões afetivas são abaladas nos fundamentos, por ofensas indébitas.

Contudo, se o discípulo permanece realmente possuído pelo propósito de união com o Mestre, tal atitude é fácil de corrigir.

O Senhor somente ensinava aos que o ouviam, "segundo o que podiam compreender".

Aos apóstolos, conferiu instruções de elevado valor simbológico, enquanto à multidão transmitiu verdades fundamentais, por intermédio de contos simples. A conversação dele diferia, de conformidade com as necessidades espirituais daqueles que o rodeavam. Jamais violentou a posição natural de ninguém.

Se estás em serviço do Senhor, considera os imperativos da iluminação, porque o mundo precisa de servidores cristãos, e não de tiranos doutrinários.

(*Pão nosso*. FEB Editora. Cap. 143)

E perguntava-lhe: Qual o teu nome? Ele lhe diz: Legião [é] meu nome, porque somos muitos.

Marcos
5:9

Legião do mal

O Mestre legou inolvidável lição aos discípulos nesta passagem dos Evangelhos.

Dispensador do bem e da paz, aproxima-se Jesus do Espírito perverso que o recebe em desesperação.

O Cristo não se impacienta e indaga carinhosamente de seu nome, respondendo-lhe o interpelado: "Chamo-me Legião, porque somos muitos".

Os aprendizes que o seguiam não souberam interpretar a cena, em toda a sua expressão simbólica.

E até hoje pergunta-se pelo conteúdo da ocorrência com justificável estranheza.

É que o Senhor desejava transmitir imortal ensinamento aos companheiros de tarefa redentora.

À frente do Espírito delinquente e perturbado, Ele era apenas um; o interlocutor, entretanto, denominava-se "Legião", representava maioria esmagadora, personificava a massa vastíssima das intenções inferiores e criminosas. Revelava o Mestre que, por indeterminado tempo, o bem estaria em proporção diminuta comparado ao mal em aludes arrasadores.

Se te encontras, pois, a serviço do Cristo na Terra, não te esqueças de perseverar no bem, dentro de todas as horas da vida, convicto de que o mal se faz sentir em derredor, à maneira de legião ameaçadora, exigindo funda serenidade e grande confiança no Cristo, com trabalho e vigilância, até a vitória final.

(*Caminho, verdade e vida*. FEB Editora. Cap. 143)

Legião[20]

Mc 5:9

Consciências oneradas em culpas e desacertos de numerosas reencarnações, será justo ponderar a resposta do Espírito conturbado e infeliz à pergunta do Mestre.

"Legião é o meu nome — disse ele —, porque somos muitos."

Iniludivelmente, ainda hoje, em nos aproximando do Senhor, reconhecemo-nos, não apenas afinados com vários grupos de companheiros tão devedores quanto nós, mas igualmente em lamentável dispersão íntima, qual se encerrássemos um feixe de personalidades contraditórias entre si.

Ao contato das lições de Jesus é que, habitualmente, nos vemos versáteis e contraproducentes, qual ainda somos... Acreditamos na força da verdade, experimentando sérios obstáculos para largar a mentira; ensinamos beneficência, vinculados a profundo egoísmo; destacamos os méritos do sacrifício pela felicidade alheia, agarrados a vantagens pessoais; manejamos brandura, em se tratando de avisos para os outros, e estadeamos cólera imprevista se alguém nos causa prejuízo ligeiro; proclamamos a necessidade do espírito de serviço, reservando ao próximo tarefas desagradáveis; pelejamos pela paz nos lares vizinhos, fugindo de garantir a tranquilidade na própria casa; queremos que o irmão ignore os golpes do mal que lhe estraçalham a existência e estamos prontos a reclamar contra a alfinetada que nos fira de leve; salientamos o acatamento que se deve aos Desígnios divinos e pompeamos exigências disparatadas, em se apresentando o menor de nossos caprichos.

Sim, de modo geral, somos individualmente, diante de Jesus, a legião dos erros que já cometemos no pretérito e dos erros que cultivamos no presente, dos erros que assimilamos e dos erros que aprovamos para nos acomodarmos às situações que nos favoreçam os interesses de superfície.

---

[20] Texto publicado em *Palavras de vida eterna*. Ed. Comunhão Espírita Cristã. Cap. 167, com alterações.

Busquemos, pois, a luz do Evangelho, mas não nos furtemos à certeza de que será preciso encorajar-nos para deixar de ser a personalidade multiface, que temos sido, para sermos a individualidade cristificada que devemos ser.

(*Reformador*, set. 1964, p. 198)

Mc 5:9

Ele não o permitiu, mas diz: Vai para a tua casa, para os teus, e anuncia-lhes quantas [coisas] o Senhor te fez, e [como] teve misericórdia de ti.

Marcos 5:19

Teste[21]

A exortação do Cristo ao obsidiado, restituído ao próprio equilíbrio, dá que pensar.

Jesus, inicialmente, não lhe permite acompanhá-lo, no apostolado das Boas-Novas, alardeando, de público, a alegria de que se vê possuído. Ao invés de júbilos antecipados, recomenda-lhe o retorno ao ambiente caseiro, para revelar aos familiares os benefícios de que se fizera depositário, ante a Providência divina.

Indiscutivelmente, com semelhante lição, impele-nos o Senhor a reconhecer que é no círculo mais íntimo, seja no lar ou na profissão, que nos cabe patentear a solidez das virtudes adquiridas. Isso porque anunciar princípios superiores, através da aplicação prática à renovação e ao aperfeiçoamento que nos impõem, diante daqueles que nos conhecem as deficiências e falhas, é a fórmula verdadeira de testar a nossa capacidade de veiculá-los, com êxito, em plano mais vasto e mais elevado.

A indicação não deixa dúvidas.

Se já nos aproximamos do Cristo, assimilando-lhe as mensagens de vida eterna, procuremos comunicá-las, pelo idioma do exemplo, primeiramente aos nossos, aos que nos compartilham as maneiras e os hábitos, as dificuldades e as alegrias. Se aprovados na escola doméstica, onde somos mais rigorosamente policiados, quanto ao aproveitamento real dos ensinamentos nobilitantes que admitimos e apregoamos, decerto que

---

[21] Texto publicado em *Palavras de vida eterna*. Ed. Comunhão Espírita Cristã. Cap. 168, com pequenas alterações.

nos acharemos francamente habilitados para o testemunho do Senhor, junto da humanidade, nossa família maior.

(*Reformador*, set. 1964, p. 198)

Sublime recordação

Mc 5:19

Eminentemente expressiva a palavra de Jesus ao endemoninhado que recuperara o equilíbrio, ao toque de seu divino amor.

Aquele doente que, após a cura, se sentia atormentado de incompreensão, rogava ao Senhor lhe permitisse demorar ao seu lado, para gozar-lhe a sublime companhia.

Jesus, porém, não lho permite e recomenda-lhe procure os seus, para anunciar-lhe os benefícios recebidos.

Quantos discípulos copiam a atitude desse doente que se fazia acompanhar por uma legião de gênios perversos!

Olhos abertos à verdade, coração tocado de nova luz, à primeira dificuldade do caminho pretendem fugir ao mundo, famintos de repouso ao lado do Nazareno, esquecendo-se de que o Mestre trabalha sem cessar.

O problema do aprendiz do Cristo não é o de conquistar feriados celestes, mas de atender aos serviços ativos, a que foi convocado, em qualquer lugar, situação, idade e tempo.

Se recebeste a luz do Senhor, meu amigo, vai servir ao Mestre junto dos teus, dos que se prendem à tua caminhada. Se não possuis a família direta, possuis a indireta. Se não contas parentela, tens vizinhos e companheiros. Anuncia os benefícios do Salvador, exibindo a própria cura. Quem demonstra a renovação de si mesmo, em Cristo, habilita-se a cooperar na renovação espiritual dos outros. Quanto ao bem-estar próprio, serás chamado a ele, no momento oportuno.

(*Vinha de luz*. FEB Editora. Cap. 111)

E roga-lhe muito, dizendo: Minha filhinha está nas últimas; vem, para que imponhas as mãos nela, para que seja salva e viva.

Marcos
5:23

Passes

Jesus impunha as mãos nos enfermos e transmitia-lhes os bens da saúde. Seu amoroso poder conhecia os menores desequilíbrios da natureza e os recursos para restaurar a harmonia indispensável.

Nenhum ato do divino Mestre é destituído de significação. Reconhecendo essa verdade, os apóstolos passaram a impor as mãos fraternas em nome do Senhor e tornavam-se instrumentos da divina Misericórdia.

Atualmente, no Cristianismo Redivivo, temos, de novo, o movimento socorrista do plano invisível, por meio da imposição das mãos. Os passes, como transfusões de forças psíquicas, em que preciosas energias espirituais fluem dos mensageiros do Cristo para os doadores e beneficiários, representam a continuidade do esforço do Mestre para atenuar os sofrimentos do mundo.

Seria audácia por parte dos discípulos novos a expectativa de resultados tão sublimes quanto os obtidos por Jesus junto aos paralíticos, perturbados e agonizantes.

O Mestre sabe, enquanto nós outros estamos aprendendo a conhecer. É necessário, contudo, não lhe desprezar a lição, continuando, por nossa vez, a obra de amor, com mãos fraternas.

Onde exista sincera atitude mental do bem, pode estender-se o serviço providencial de Jesus.

Não importa a fórmula exterior. Cumpre-nos reconhecer que o bem pode e deve ser ministrado em seu nome.

(*Caminho, verdade e vida.* FEB Editora. Cap. 153)

E prescreveu-lhes que nada levassem para o caminho, exceto um cajado somente; nem pão, nem alforje, nem cobre para os cintos.

Marcos 6:8

O bordão

(*Levantar e seguir*. Ed. GEEM. Cap. José da Galileia)[22]

---

[22] N.E.: A GEEM não autorizou a cessão de direito de uso para transcrição desta mensagem. Para facilitar o acesso à informação, a FEB Editora manteve a indicação da fonte referente àquela instituição.

Diz-lhes: Vinde vós mesmos para um lugar ermo, em particular, e descansai um pouco! Pois eram muitos os que vinham e saiam, e nem para comer encontravam tempo oportuno.

Marcos 6:31

Refugia-te em paz

O convite do Mestre para que os discípulos procurem lugar à parte, a fim de repousarem a mente e o coração na prece, é cada vez mais oportuno.

Todas as estradas terrestres estão cheias dos que vão e vêm, atormentados pelos interesses imediatistas, sem encontrarem tempo para a recepção de alimento espiritual. Inúmeras pessoas atravessam a senda, famintas de ouro, e voltam carregadas de desilusões. Outras muitas correm às aventuras, sedentas de novidade emocional, e regressam com o tédio destruidor.

Nunca houve no mundo tantos templos de pedra, como agora, para as manifestações de religiosidade, e jamais apareceu tamanho volume de desencanto nas almas.

A legislação trabalhista vem reduzindo a atividade das mãos, como nunca; no entanto, em tempo algum surgiram preocupações tão angustiosas como na atualidade.

As máquinas da civilização moderna limitaram espantosamente o esforço humano, todavia, as aflições culminam, presentemente, em guerras de arrasamento científico.

Avançou a técnica da produção econômica em todos os setores, selecionando o algodão e o trigo por intensificar-lhes as colheitas, mas, para os olhos que contemplam a paisagem mundial, jamais se verificou entre os encarnados tamanha escassez de pão e vestuário.

Aprimoraram-se as teorias sociais de solidariedade e nunca houve tanta discórdia.

Como acontecia nos tempos da permanência de Jesus no apostolado, a maioria dos homens permanece no vaivém dos caminhos, entre a procura desorientada e o achado falso, entre a mocidade leviana e a velhice desiludida, entre a saúde menosprezada e a moléstia sem proveito, entre a encarnação perdida e a desencarnação em desespero.

Ó meu amigo, se adotaste efetivamente o aprendizado com o divino Mestre, retira-te a um lugar à parte, e cultiva os interesses de tua alma.

Mc 6:31

É possível que não encontres o jardim exterior que facilite a meditação, nem algum pedaço de natureza física onde repouses do cansaço material, todavia, penetra o santuário, dentro de ti mesmo.

Há muitos sentimentos que te animam há séculos, imitando, em teu íntimo, o fluxo e o refluxo da multidão. Passam apressados de teu coração ao cérebro e voltam do cérebro ao coração, sempre os mesmos, incapacitados de acesso à luz espiritual. São os princípios fantasistas de paz e justiça, de amor e felicidade que o plano da carne te impôs. Em certas circunstâncias da experiência transitória, podem ser úteis, entretanto, não vivas exclusivamente ao lado deles. Exerceriam sobre ti o cativeiro infernal.

Refugia-te no templo à parte, dentro de tua alma, porque somente aí encontrarás as verdadeiras noções da paz e da justiça, do amor e da felicidade reais, a que o Senhor te destinou.

(*Fonte viva*. FEB Editora. Cap. 147)

Descansar[23]

Pressa e agitação caracterizam o ambiente das criaturas menos avisadas em todos os tempos.

Na época de Jesus, muita gente já ia e vinha, aqui e acolá, sofrendo a pressão de exigências da vida material, acreditando não dispor de tempo para pensar.

Isso fez que o Mestre se dirigisse à multidão, exortando: "vinde vós, aqui à parte, a um lugar deserto, e repousai um pouco".

---

[23] Texto publicado em *Palavras de vida eterna*. Ed. Comunhão Espírita Cristã. Cap. 152.

>Mc 6:31

Entretanto, assim como aparecem os que exageram as próprias necessidades, caindo em precipitação, temos os companheiros que se excedem no descanso, encontrando, a cada passo, motivos para a fuga do dever a cumprir. À vista de embaraços mínimos, declaram-se fatigados, desiludidos, deprimidos ou enfermos, e param a máquina do serviço que lhes compete, recolhendo-se à inércia, com o pretexto de meditação, refazimento, virtude ou prece. Para isso, muitos dizem que o próprio Jesus aconselhou o repouso e a oração, esquecendo-se de que o Senhor reconstituía as forças no retiro, a fim de tornar ao serviço e prosseguir trabalhando...

Nesse sentido, convém recordar as palavras textuais do Evangelho. Jesus não afirmou: *repousai quanto quiserdes*, mas sim, *repousai um pouco*.

(*Reformador*, jan. 1964, p. 8)

Lugar deserto

A exortação de Jesus aos companheiros reveste-se de singular importância para os discípulos do Evangelho em todos os tempos.

Indispensável se torna aprender o caminho do "lugar à parte" em que o Mestre aguarda os aprendizes para o repouso construtivo em seu amor.

No precioso símbolo, temos o santuário íntimo do coração sequioso de luz divina.

De modo algum se referia o Senhor tão somente à soledade dos sítios que favorecem a meditação, onde sempre encontramos sugestões vivas da natureza humana. Reportava-se à câmara silenciosa, situada dentro de nós mesmos.

Além disso, não podemos esquecer que o Espírito sedento de união divina, desde o momento em que se imerge nas correntes do idealismo superior, passa a sentir-se desajustado, em profundo insulamento no mundo, embora servindo-o, diariamente, consoante os indefectíveis desígnios do Alto.

No templo secreto da alma, o Cristo espera por nós, a fim de revigorar-nos as forças exaustas.

Os homens iniciaram a procura do "lugar deserto", recolhendo-se aos mosteiros ou às paisagens agrestes; todavia, o ensinamento do Salvador não se fixa no mundo externo.

Prepara-te para servir ao reino divino, na cidade ou no campo, em qualquer estação, e não procures descanso impensadamente, convicto de que, muita vez, a imobilidade do corpo é tortura da alma. Antes de tudo, busca descobrir, em ti mesmo, o "lugar à parte" onde repousarás em companhia do Mestre.

Mc 6:31

(*Pão nosso*. FEB Editora. Cap. 34)

E saíram no barco para um lugar ermo, em particular.

Marcos
6:32

Na meditação

Tuas mãos permanecem extenuadas por fazer e desfazer.

Teus olhos, naturalmente, estão cheios da angústia recolhida nas perturbações ambientes.

Doem-te os pés nas recapitulações dolorosas.

Teus sentimentos vão e vêm, com impulsos tumultuários, influenciados por mil pessoas diversas.

Tens o coração atormentado.

É natural. Nossa mente sofre sede de paz, como a terra seca tem necessidade de água fria.

Vem a um lugar à parte, no país de ti mesmo, a fim de repousar um pouco. Esquece as fronteiras sociais, os controles domésticos, as incompreensões dos parentes, os assuntos difíceis, os problemas inquietantes, as ideias inferiores.

Retira-te dos lugares comuns a que ainda te prendes.

Concentra-te, por alguns minutos, em companhia do Cristo, no barco de teus pensamentos mais puros, sobre o mar das preocupações cotidianas...

Ele te lavará a mente eivada de aflições.

Balsamizará tuas úlceras.

Dar-te-á salutares alvitres.

Basta que te cales e sua voz falará no sublime silêncio.

Oferece-lhe um coração valoroso na fé e na realização, e seus braços divinos farão o resto.

Regressarás, então, aos círculos de luta, revigorado, forte e feliz.

Teu coração com Ele, a fim de agires, com êxito, no vale do serviço.

Ele contigo, para escalares, sem cansaço, a montanha da luz.

(*Caminho, verdade e vida.* FEB Editora. Cap. 168)

Mc
6:32

Em resposta, disse-lhes: Dai-lhes vós mesmos de comer. [...]

Marcos 6:37

No campo social

Diante da multidão fatigada e faminta, Jesus recomenda aos apóstolos: "Dai-lhes vós de comer".

A observação do Mestre é importante, quando realmente poderia Ele induzi-los a recriminar a multidão pela imprudência de uma jornada exaustiva até o monte, sem a garantia do farnel.

O Mestre desejou, porém, gravar no espírito dos aprendizes a consagração deles ao serviço popular. Ensinou que aos cooperadores do Evangelho, perante a turba necessitada, compete tão somente um dever — o da prestação de auxílio desinteressado e fraternal.

Naquela hora do ensinamento inesquecível, a fome era naturalmente do corpo, vencido de cansaço, mas, ainda e sempre, vemos a multidão carecente de amparo, dominada pela fome de luz e de harmonia, vergastada pelos invisíveis azorragues da discórdia e da incompreensão.

Os colaboradores de Jesus são chamados, não a obscurecê-la com o pessimismo, não a perturbá-la com a indisciplina ou a imobilizá-la com o desânimo, mas sim a nutri-la de esclarecimento e paz, fortaleza moral e sublime esperança.

Se te encontras diante do povo, com o anseio de ajudá-lo, se te propões contribuir na regeneração do campo social, não te percas em pregações de rebelião e desespero. Conserva a serenidade e alimenta o próximo com o teu bom exemplo e com a tua boa palavra.

Não olvides a recomendação do Senhor: "Dai-lhes vós de comer".

(*Fonte viva*. FEB Editora. Cap. 131)

Ajudemos também[24]

Em muitas ocasiões propomos a Benfeitores espirituais determinados serviços que, acima de tudo, são oportunidades de trabalho que o Senhor, abnegado e vigilante, nos oferece.

Enunciamos rogativas e relacionamos diversos quadros de ação para a caridade.

Mc 6:37

O doente de certa rua.
O parente necessitado.
O obsesso que sofre não distante.
A casa conflagrada do vizinho.
O companheiro algemado ao leito.
O amigo em prova inquietante.

Os obreiros da Espiritualidade movimentam-se e ajudam, devotados e operosos; contudo, em suplicando o socorro alheio, não nos cabe olvidar o socorro que podemos prestar por nós mesmos.

É indispensável acionar as possibilidades da nossa cooperação fraterna, os recursos ainda que reduzidos de nossa bolsa, o nosso concurso pessoal, o nosso suor e as nossas horas, a benefício daqueles que a Sabedoria divina situou em nossa estrada para testemunharmos a própria fé.

Diante da turba faminta, ouvindo as alegações dos discípulos que lhe solicitavam a atenção para as necessidades do povo, disse-lhes o Senhor: "Dai-lhes vós, de comer..."

E os discípulos angariaram diminuta porção de alimento, antes que o Mestre a convertesse em pão para milhares.

A lição é expressiva.

Não basta rogar a intervenção do Céu, em favor dos outros, com frases bem feitas, a fim de que venhamos a cumprir o nosso dever cristão. Antes de tudo, é necessário fazer de nossa parte, quanto nos seja possível, para que o bem se realize, de modo a entrarmos em sintonia com os poderes do Bem eterno.

(*Reformador*, maio 1957, p. 114)

---

[24] Texto publicado em *Palavras de vida eterna*. Ed. Comunhão Espírita Cristã. Cap. 11.

> *Onde quer que ele entrasse, em aldeias, em cidades ou campos, colocavam os enfermos nas praças, e rogavam-lhe para que tocassem apenas na orla da sua veste, e os que a tocaram eram salvos.*

Marcos
6:56

Poderes ocultos

Não raro, surgem nas fileiras espiritualistas estudiosos afoitos a procurarem, de qualquer modo, a aquisição de poderes ocultos que lhes confira posição de evidência. Comumente, em tais circunstâncias, enchem-se das afirmativas de grande alcance.

O anseio de melhorar-se, o desejo de equilíbrio, a intenção de manter a paz, constituem belos propósitos; no entanto, é recomendável que o aprendiz não se entregue a preocupações de notoriedade, devendo palmilhar o terreno dessas cogitações com a cautela possível.

Ainda aqui, o Mestre divino oferece a melhor exemplificação.

Ninguém reuniu sobre a Terra tão elevadas expressões de recursos desconhecidos quanto Jesus. Aos doentes, bastava tocar-lhe as vestiduras para que se curassem de enfermidades dolorosas; suas mãos devolviam o movimento aos paralíticos, a visão aos cegos. Entretanto, no dia do Calvário, vemos o Mestre ferido e ultrajado, sem recorrer aos poderes que lhe constituíam apanágio divino, em benefício da própria situação. Havendo cumprido a lei sublime do amor, no serviço do Pai, entregou-se à sua vontade, tratando-se dos interesses de si mesmo. A lição do Senhor é bastante significativa.

É compreensível que o discípulo estude e se enriqueça de energias espirituais, recordando-se, porém, de que, antes do nosso, permanece o bem dos outros e que esse bem, distribuído no caminho da vida, é a voz que falará por nós a Deus e aos homens, hoje ou amanhã.

(*Caminho, verdade e vida.* FEB Editora. Cap. 70)

Em vão me adoram transmitindo ensinamentos que são preceitos de homens.

Marcos
7:7

Honras vãs

A atualidade do Cristianismo oferece-nos lições profundas, relativamente à declaração acima mencionada.

Ninguém duvida do sopro cristão que anima a civilização do Ocidente. Cumpre notar, contudo, que a essência cristã, em seus institutos, não passou de sopro, sem renovações substanciais, porque, logo após o ministério divino do Mestre, vieram os homens e lavraram ordenações e decretos na presunção de honrar o Cristo, semeando, em verdade, separatismo e destruição.

Os últimos séculos estão cheios de figuras notáveis de reis, de religiosos e políticos que se afirmaram defensores do Cristianismo e apóstolos de suas luzes.

Todos eles escreveram ou ensinaram em nome de Jesus.

Os príncipes expediram mandamentos famosos, os clérigos publicaram bulas e compêndios, os administradores organizaram leis célebres. No entanto, em vão procuraram honrar o Salvador, ensinando doutrinas que são caprichos humanos, porquanto o mundo de agora ainda é campo de batalha das ideias, qual no tempo em que o Cristo veio pessoalmente a nós, apenas com a diferença de que o Farisaísmo, o Templo, o Sinédrio, o Pretório e a Corte de César possuem hoje outros nomes. Importa reconhecer, desse modo, que, sobre o esforço de tantos anos, é necessário renovar a compreensão geral e servir ao Senhor, não segundo os homens, mas de acordo com os seus próprios ensinamentos.

(*Caminho, verdade e vida*. FEB Editora. Cap. 37)

> *Pois Moisés disse: Honra o teu pai e a tua mãe; e quem injuriar pai ou mãe seja punido com a morte.*
>
> Marcos 7:10

No estudo evangélico

Exaltando o respeito à Lei antiga, ensinou Jesus que nos compete no mundo honrar pai e mãe e, em pleno apostolado, afirmou que quantos não pudessem renunciar ao amor dos pais e dos irmãos no venerável instituto doméstico, não poderiam abraçar-lhe o Evangelho renovador.

Naturalmente, há, sempre, larga diferença entre amar e sermos amados.

O devotamento ama, invariável.

O egoísmo exige constantemente.

O Mestre divino não nos recomendou o relaxamento das construtivas obrigações do lar que Ele próprio consagrou na carpintaria de Nazaré.

Esclareceu que, a fim de lhe atendermos à lição, é preciso, em qualquer tempo e em qualquer condição, renunciar ao prazer exclusivista de condecorar-nos com o apreço da família consanguínea, atentos ao imperativo de compreender e auxiliar.

Muitos companheiros de fé, aceitando-lhe os ensinamentos, antes de tudo, se demoram em expectativa indébita, com respeito à atitude dos pais, do esposo, da esposa, do irmão e do amigo, qual se a elevação moral interessasse mais ao próximo que a si mesmos.

Entretanto, Jesus apela para a nossa capacidade de entender os outros sem pedir que os outros nos entendam e de ampará-los sem reclamar-lhes colaboração.

E entre esses "outros", respiram igualmente os nossos laços mais íntimos, no instituto da consanguinidade, aos quais nos compete oferecer o melhor de nós, sem cogitar de retribuição.

Ainda, quando vemos o Senhor declarar, de público, que seus parentes são todos aqueles que atendem, fiéis, aos propósitos do Pai Todo Amor, sentimo-lo encarecer a fraternidade humana e o afeto desinteressado por normas inalienáveis das instruções de que se fazia portador.

Nesses moldes, portanto, situando nossos deveres para com o próximo, acima de tudo, o eterno Benfeitor nos selou os compromissos terrestres de honrar pai e mãe, de vez que, amparando-os sem exigir-lhes o pesado tributo da adesão e do reconhecimento, estaremos começando de nosso círculo pessoal o serviço no bem, que todos devemos à humanidade inteira.

Mc 7:10

(*Abrigo*. Ed. IDE. Cap. 9)

Página aos pais

Por maiores sejam os compromissos que te prendam a obrigações dilatadas, na esfera dos negócios ou na vida social, consagrarás à família as atenções necessárias.

Lembrar-te-ás de que o lar é tão somente o refúgio que o arquiteto te planeou, baseando estudos e cálculos nos recursos do solo.

Encontrarás nele o templo de corações em que as Leis de Deus te situam transitoriamente o Espírito, a fim de que aprendas as ciências da alma no internato doméstico.

"Honrarás teu pai e tua mãe..." proclama a Escritura e daí se subentende que precisamos também dignificar nossos filhos.

Ainda mesmo se eles, depois de adultos, não nos puderem compreender, nada impede venhamos a entendê-los e auxiliá-los, tanto quanto nos seja possível, sem que por isso necessitemos coartar os planos superiores de serviço que nos alimentem o coração.

Reconhecendo o débito irresgatável para com teus pais, os benfeitores que te entreteceram no mundo a felicidade do berço, darás aos teus filhos, com a luz do exemplo no dever cumprido, a devida oportunidade para a troca de impressões e de experiências.

Se ainda não consegues ofertar-lhes o culto do Evangelho em casa, asserenando-lhes as perguntas e ansiedades com os ensinamentos do Cristo, não te esqueças do encontro sistemático em família, pelo menos semanalmente, a fim de atender-lhes as necessidades da alma.

Mc 7:10

Detém-te a registrar-lhes as indagações infanto-juvenis, louva-lhes os projetos edificantes e estimula-lhes o ânimo à prática do bem.

Não abandones teus filhos à onda perigosa das paixões insofreadas, sob o pretexto de garantir-lhes personalidade e emancipação.

Ajuda-os e habilita-os espiritualmente para a vida de hoje e de amanhã.

Sobretudo, não adies o momento de falar-lhes e ouvi-los, pois a hora da tormenta de provações, na viagem da Terra, se abate, mais dia menos dia, sobre a fronte de cada um, por teste de resistência moral, na obra de melhoria e resgate, elevação e aprimoramento em que nos achamos empenhados.

Persevera no aviso e na instrução, no carinho e na advertência, enquanto o ensejo te favorece, porquanto muito dificilmente conseguimos escutar-nos uns aos outros por ocasião de tumulto ou tempestade, e ainda porque ensinar equilíbrio, quando o desequilíbrio já se instalou, significa, na maioria das vezes, trabalho fora de tempo ou auxílio tarde demais.

(*Família*. Ed. Cultura Espírita União. Cap. "Página aos pais")

Honrar pai e mãe

Declara o mandamento expresso da Lei Antiga: "Honrarás pai e mãe".

E Jesus, mais tarde, em complementação das verdades celestes, afirmou positivo: "Eu não vim destruir a Lei".

Entretanto, no decurso do apostolado divino, o Senhor chega a dizer: "Aquele que não renunciar ao seu pai e à sua mãe não é digno de ser meu discípulo".

Ao primeiro exame, surge aparente desarmonia nos textos da lição.

Contudo, é preciso esclarecer que Jesus não nos endossaria qualquer indiferença para com os benfeitores terrenos que nos ofertam a bênção do santuário físico.

O Mestre exortava-nos simplesmente a desistir da exigência de sermos por eles lisonjeados ou mesmo compreendidos.

Mc 7:10

Prevenia-nos contra o narcisismo pelo qual, muitas vezes, no mundo, pretendemos converter nossos pais em satélites de nossos pontos de vista.

Devemos, sim, renunciar ao egoísmo de guardá-los por escravos de nossos caprichos, no cotidiano, a fim de que lhes possamos dignificar a presença, com a melhor devoção afetiva, perfumada de humildade pura e de carinho incessante.

Em tempo algum, pode um filho, por mais generoso, solver para com os pais a dívida de sacrifício e ternura a que se encontra empenhado.

A Terra não dispõe de recursos suficientes para resgatar os débitos do berço no qual retornamos em nome do Criador, para a regeneração ou elevação de nossos próprios destinos.

Lembra-te ainda do Mestre incomparável confiando a divina guardiã de seus dias ao apóstolo fiel, diante da cruz e não te creias, em nome do Evangelho, exonerado da obrigação de honrar teus pais humanos, em todos os passos e caminhos do mundo, porque no devotamento incansável dos corações, que nos abrem na Terra as portas da vida, palpita, em verdade, o amor inconcebível do próprio Deus.

(*Família*. Ed. Cultura Espírita União. Cap. "Honrar pai e mãe")

> *Levantando os olhos para o céu, suspirou e lhe diz: "Ephphatá", que é "Abre-te".*

Marcos
7:34

Ouçamos, também[25]

A palavra do Cristo, ao surdo e gago, intimava-lhe as faculdades do espírito a se abrirem para a vida.

Quantos de nós precisamos hoje consagrar atenção ao divino apelo? Quantos problemas nos cruciam a alma, por trancá-la às sendas libertadoras que a experiência oferece?

Encerrados, quase sempre, no poço do "eu", nada mais lobrigamos que a sombra das ilusões a que nos afazemos, esbanjando tempo e força em lamentáveis reclamações.

O Senhor nos solicita a descerrar passagens no mundo íntimo, a fim de que os dons inefáveis da Espiritualidade superior nos enriqueçam de alegria e de luz.

Necessário verificar se carregamos sentimentos e raciocínios, olhos e ouvidos, lábios e mãos fechados ao entendimento e ao serviço.

Indispensável abrir o coração à bondade, o cérebro à compreensão, a existência ao trabalho, o passo ao bem, o verbo à fraternidade...

Não só isso.

Imperioso abrir igualmente o livro edificante ao estudo, a bolsa à beneficência, a capacidade à cooperação e o caminho à hospitalidade.

O Sol, para sustentar o mundo, pede horizontes abertos.

Diante do enfermo de espírito, encarcerado em si próprio, disse Jesus: "Abre-te".

---

[25] Texto publicado em *Bênção de paz*. Ed. GEEM. Cap. 35, com pequenas alterações.

Saibamos acolher a advertência sublime e, perante a luz do infinito Amor de Deus, rompamos a clausura do "eu" e ouçamo-la também.

(*Reformador*, dez. 1964, p. 270)

Mc
7:34

Estou compadecido com a turba, porque já permanece comigo há três dias, e não tem o que comer.

Marcos
8:2

Multidões

Os espíritos verdadeiramente educados representam, em todos os tempos, grandes devedores à multidão.

Raros homens, no entanto, compreendem esse imperativo das leis espirituais.

Em geral, o mordomo das possibilidades terrestres, meramente instruído na cultura do mundo, esquiva-se da massa comum, em vez de ajudá-la. Explora-lhe as paixões, mantém-lhe a ignorância e costuma roubar-lhe o ensejo de progresso. Traça leis para que ela pague os impostos mais pesados, cria guerras de extermínio, em que deva concorrer com os mais elevados tributos de sangue. O sacerdócio organizado, quase sempre, impõe-lhe sombras, enquanto a filosofia e a ciência lhe oferecem sorrisos escarnecedores.

Em todos os tempos e situações políticas, conta o povo com escassos amigos e adversários em legiões.

Acima de todas as possibilidades humanas, entretanto, a multidão dispõe do Amigo divino.

Jesus prossegue trabalhando.

Ele, que passou no planeta entre pescadores e proletários, aleijados e cegos, velhos cansados e mães aflitas, volta-se para a turba sofredora e alimenta-lhe a esperança, como naquele momento da multiplicação dos pães.

Lembra-te, meu amigo, de que és parte integrante da multidão terrestre.

O Senhor observa o que fazes.

Não roubes o pão da vida; procura multiplicá-lo.

(*Vinha de luz.* FEB Editora. Cap. 6)

Esperança e coragem

Deixa que a tua palavra de fé venha a cair na terra dos corações, por semente do futuro.

Caridade é também doar esperança e coragem aos companheiros que estão prestes a desfalecer, na luta pela vitória do bem.

Dirás talvez que já repetiste o teu apelo à solidariedade e à concórdia, vezes e vezes, sem que ninguém te desse atenção.

Mc 8:2

Entretanto, guarda a certeza de que alguém terá escutado a tua mensagem e saberá transmiti-la em ambientes que desconheces.

Sempre que possível, atira uma pétala de otimismo e de amor, entre aqueles que te cercam, descortinando-lhes a Vida espiritual.

O vento das horas transportará o que disseste para o bem dos outros e de tuas afirmativas surgirão frutos de paz e bênção que, de retorno a ti, envolver-te-ão em vibrações de confiança e alegria.

Lembremo-nos das palavras de Jesus, dentre as muitas que atravessaram a barreira dos séculos: "Tenho compaixão da multidão".

Se não praticas no grupo familiar ou no esforço isolado a comunhão com Jesus, não te demores a buscar-lhe a vizinhança, a inspiração e a diretriz, no culto do Evangelho.

(*Nós*. Ed. Cultura Espírita União. Cap. "Esperança e coragem")

Se eu os despedir em jejum para casa deles, desfalecerão no caminho, [pois] alguns vieram de longe.

Marcos 8:3

Não falta

A preocupação de Jesus pela multidão necessitada continua viva através do tempo.

Quantas escolas religiosas palpitam no seio das nações, ao influxo do amor providencial do Mestre divino?

Pode haver homens perversos e desesperados que perseveram na malícia e na negação, mas não se vê coletividade sem o socorro da fé. Os próprios selvagens recebem postos de assistência do Senhor, naturalmente de acordo com a rusticidade de suas interpretações primitivistas. Não falta alimento do Céu às criaturas. Se alguns espíritos se declaram descrentes da paternidade de Deus, é que se encontram incapazes ou enfermos pelas ruínas interiores a que se entregaram.

Jesus manifesta invariável preocupação em nutrir o espírito dos tutelados, de mil modos diferentes, desde a taba do indígena às catedrais das grandes metrópoles.

Nesses postos de socorro sublime, o homem aprende, em esforço gradativo, a alimentar-se espiritualmente, até trazer a igreja ao próprio lar, transportando-a do santuário doméstico para o recinto do próprio coração.

Pouca gente medita na infinita misericórdia que serve, no mundo, à mesa edificante das ideias religiosas.

Inclina-se o Mestre ao bem de todos os homens. Cheio de abnegação e amor, sabe alimentar, com recursos específicos, o ignorante e o sábio, o indagador e o crente, o revoltado e o infeliz. Mais que ninguém, compreende Jesus que, de outro modo, as criaturas cairiam, exaustas, nos imensos despenhadeiros que marginam a senda evolutiva.

(*Pão nosso*. FEB Editora. Cap. 124)

Perguntava-lhes: Quantos pães tendes? Disseram: Sete.

Marcos
8:5

Que tendes?

Quando Jesus, à frente da multidão faminta, indagou das possibilidades dos discípulos para atendê-la, decerto procurava uma base, a fim de materializar o socorro preciso.

"Quantos pães tendes?"

A pergunta denuncia a necessidade de algum concurso para o serviço da multiplicação.

Conta-nos o evangelista Marcos que os companheiros apresentaram-lhe sete pãezinhos, dos quais se alimentaram mais de quatro mil pessoas, sobrando apreciável quantidade.

Teria o Mestre conseguido tanto se não pudesse contar com recurso algum?

A imagem compele-nos a meditar quanto ao impositivo de nossa cooperação, para que o celeste Benfeitor nos felicite com os seus dons de vida abundante.

Poderá o Cristo edificar o santuário da felicidade em nós e para nós, se não puder contar com os alicerces da boa vontade em nosso coração?

A usina mais poderosa não prescinde da tomada humilde para iluminar um aposento.

Muitos esperam o milagre da manifestação do Senhor, a fim de que se lhes sacie a fome de paz e reconforto, mas a voz do Mestre, no monte, continua ressoando, inesquecível:

— Que tendes?

Infinita é a bondade de Deus, todavia, algo deve surgir de nosso "eu", em nosso favor.

Em qualquer terreno de nossas realizações para a vida mais alta, apresentemos a Jesus algumas reduzidas migalhas de esforço próprio e estejamos convictos de que o Senhor fará o resto.

(*Fonte viva*. FEB Editora. Cap. 133)

Socorro e concurso[26]

<small>Mc 8:5</small>

Observemos que o Senhor, diante da multidão faminta, não pergunta aos companheiros: "de quantos pães necessitamos?" mas, sim, "quantos pães tendes?".

A passagem denota a precaução de Jesus no sentido de alertar os discípulos para a necessidade de algo apresentar à Providência divina como base para o socorro que suplicamos.

Em verdade, o Mestre conseguiu alimentar milhares de pessoas, mas não prescindiu das migalhas que os apóstolos lhe ofereciam.

O ensinamento é precioso para a nossa experiência de oração.

Não vale rogar as concessões do Céu, alongando mãos vazias, com palavras brilhantes e comoventes, mas sim pedir a proteção de que carecemos, apresentando, em nosso favor, as possibilidades ainda que diminutas de nosso esforço próprio.

Não adianta solicitar as bênçãos do pão imobilizando os braços no gelo da preguiça, como é de todo impróprio rogar aos talentos do amor, calcinando o coração no fogo do ódio.

Decerto, o Senhor operará maravilhas, no amparo a todos aqueles que te partilham a marcha...

Dispensará socorro aos que amas, transformará o quadro social em que te situas e exaltará o templo doméstico em que respiras...

Contudo, para isso, é necessário lhe ofereças os recursos que já conseguiste amontoar em ti mesmo para a extensão do progresso e para a vitória do bem.

---

[26] Texto publicado em *Palavras de vida eterna*. Ed. Comunhão Espírita Cristã. Cap. 9.

Não te esqueças, pois, de que no auxílio aos outros não prescindirá o Senhor do auxílio, pequenino embora, que deve encontrar em ti.

(*Reformador*, mar. 1957, p. 54)

Mc
8:5

Os fariseus saíram e começaram a debater com ele, testando-o, procurando da parte dele um sinal do céu.

Marcos
8:11

Demonstrações[27]

No Espiritismo Cristão, de quando em quando, aparecem aprendizes do Evangelho sumamente interessados em atender a certas requisições, no capítulo da fenomenologia psíquica.

Exigem sinais do Céu, tangíveis, incontestáveis.

Na maioria das vezes, porém, a movimentação não passa de simples repetição do gesto dos fariseus antigos.

Médiuns e companheiros outros, em grande número, não se precatam de que os pedidos de demonstrações celestes são formulados, quase que invariavelmente, em obediência a propósitos inferiores.

Há ilações lógicas no assunto, que importa não desprezarmos. Se um espírito permanece encarnado na Terra, como poderá fornecer sinais de Júpiter? Se as solicitações dessa natureza, endereçadas ao próprio Cristo, foram situadas no âmbito das tentações, com que argumento poderão impô-las os discípulos novos aos seus amigos do invisível?

Em vez disso, aliás, os aprendizes fiéis devem estar preparados para o trabalho demonstrativo de Jesus na Terra.

É óbvio que o cristão não possa provocar uma tela mágica sobre as nuvens errantes, mas pode revelar como se exerce o ministério da fraternidade no mundo. Não poderá desdobrar a paisagem total onde se movimentam as criaturas desencarnadas, em outros campos vibratórios; entretanto, está habilitado a prestar colaboração intensiva no esclarecimento dos homens do presente e do futuro.

---

[27] Texto publicado em *Segue-me!...* Ed. O Clarim. Cap. "Sinal de amor", com pequenas alterações.

Quem reclama sinais do Céu será talvez ignorante ou portador de má-fé; contudo, o seguidor da Boa-Nova que procura satisfazer o insensato é distraído ou louco.

Se te requisitam demonstrações exóticas, replica, resoluto, que não foste designado para a produção de maravilhas e esclarece a teu irmão que permaneces determinado a aprender com o Mestre a ciência da Vida abundante, a fim de ofereceres à Terra o teu sinal de amor e luz, inquebrantável na fé, para não sucumbir às tentações.

Mc 8:11

(*Vinha de luz*. FEB Editora. Cap. 145)

> *Recobrando a visão, dizia: Vejo os homens, porque os vejo como árvores que andam.*

Marcos
8:24

Árvores

(*Levantar e seguir.* Ed. GEEM. Cap. "Árvores")[28]

---

[28] N.E.: Vide nota 22.

Chamando a si a turba, juntamente com seus discípulos, disse-lhes: Se alguém quer seguir após mim, negue a si mesmo, tome a sua cruz, e siga-me.

Marcos
8:34

Nossas cruzes

Julgávamos, antigamente, que nossas cruzes, as que devemos carregar, ao encontro do Senhor, se constituíam, unicamente, daquelas dos exercícios louváveis mas incompletos da piedade religiosa. E perdemos, em parte, muitas reencarnações, hipnotizados por sentimentalismo enfermiço, ilhando-nos, sem perceber, nas miragens da própria imaginação para esbarrar, em seguida, com os pesadelos do tempo largado inútil.

Com a Doutrina Espírita, que nos revela o significado real das palavras do Cristo, aprendemos hoje que não bastam fugas e omissões do campo de luta a fim de alcançarmos a meta sublime.

Assevera Jesus que se nos dispomos a encontrá-lo, é preciso renunciar a nós mesmos e tomar nossa cruz. Essa renúncia, porém, não será semelhante à fonte seca. É necessário que ela demonstre rendimento de valores espirituais, em nosso favor e a benefício daqueles que nos cercam, ensinando-nos o desapego ao bem próprio pelo bem de todos.

À face disso, nossas cruzes incluem todas as realidades que o mundo nos oferece, dentro das quais somos convocados a esquecer-nos na construção da felicidade geral.

Os fardos que nos cabem transportar, a fim de que venhamos a merecer o convívio do Mestre, bastas vezes contêm as dores das grandes separações, as farpas do desencanto, as provações em família, os sacrifícios mudos, em que os entes amados nos pedem largos períodos de aflição, os desastres do plano físico que nos cortam a alma, o abandono daqueles mesmos que nos baseavam todas as esperanças, o cativeiro a compromissos pela sustentação da harmonia comum, as tarefas difíceis, em

Mc 8:34

cuja execução, quase sempre, somos constrangidos a marchar, aguardando debalde o concurso alheio.

Não nos enganemos. O próprio Cristo transportou o madeiro que a nossa ignorância lhe atribuiu, palmilhando senda marginada de exigências, injúrias, pancadas e deserções.

Ninguém abraça o roteiro do Evangelho para estirar-se em redes de fantasia. O cristão é chamado a melhorar e elevar o nível da vida e para quem efetivamente vive em Cristo, a vida é um caminho pavimentado de esperança e trabalho, alegria e consolo, mas plenamente aberto às surpresas e ensinamentos da verdade, sem qualquer ilusão.

(*Livro da esperança.* Ed. Comunhão Espírita Cristã. Cap. 80)

Nossa cruz[29]

Ninguém se queixe inutilmente.
A dor é processo.
A perfeição é fim.
Assim sendo, caminheiros da evolução ou da redenção têm, cada qual, a sua cruz.
Esse almeja, aquele deve.
E para realizar ou ressarcir, a vida pede preço.
Ninguém conquista algo, sem esforçar-se de algum modo; e ninguém resgata esse ou aquele débito, sem sofrimento.
Enquanto a criatura não adquire consciência da própria responsabilidade, movimenta-se no mundo à feição de semirracional, amontoando problemas sobre a própria cabeça.
Entretanto, acordando para a necessidade da paz consigo mesma, descobre de imediato a cruz que lhe cabe ao próprio burilamento.
Encarnados e desencarnados, jungidos à Terra, vinculam-se todos ao mesmo impositivo de progresso e resgate.

---

[29] Texto publicado em *Palavras de vida eterna*. Ed. Comunhão Espírita Cristã. Cap. 74.

No círculo carnal, a cruz é a dificuldade orgânica, o degrau social, o parente infeliz...

No plano espiritual, é a vergonha do defeito íntimo não vencido, a expiação da culpa, o débito não pago...

Tenhamos, pois, a coragem precisa de seguir o Senhor em nosso anseio de ressurreição e vitória.

Para isso, porém, não nos esqueçamos de que será preciso olvidar o egoísmo enquistante e tomar nossa cruz.

Mc 8:34

(*Reformador*, maio 1960, p. 98)

Siga-me os passos

(*Levantar e seguir*. Ed. GEEM. Prefácio - "Siga-me os passos")[30]

---

[30] N.E.: Vide nota 22.

Pois quem quiser salvar a sua vida a perderá, e quem perde a sua vida por minha causa e pelo Evangelho, a salvará.

Marcos 8:35

Vida estreita

(*Harmonização*. Ed. GEEM. Cap. "Vida estreita")[31]

---

[31] N.E.: Vide nota 22.

Portanto, que benefício tem o homem se ganhar o mundo inteiro, e sua alma sofrer perda?

Marcos
8:36

Ganhar

As criaturas terrestres, de modo geral, ainda não aprenderam a ganhar. Entretanto, o espírito humano permanece no planeta em busca de alguma coisa. É indispensável alcançar valores de aperfeiçoamento para a vida eterna.

Recomendou Jesus aos seus tutelados procurassem, insistissem...

Significa isso que o homem se demora na Terra para ganhar na luta enobrecedora.

Toda perturbação, nesse sentido, provém da mente viciada das almas em desvio.

O homem está sempre decidido a conquistar o mundo, mas nunca disposto a conquistar-se para uma esfera mais elevada. Nesse falso conceito, subverte a ordem, nas oportunidades de cada dia. Se Deus lhe concede bastante saúde física, costuma usá-la na aquisição da doença destruidora; se consegue amealhar possibilidades financeiras, tenta açambarcar os interesses alheios.

O Mestre divino não recomendou que a alma humana deva movimentar-se despida de objetivos e aspirações de ganho; salientou apenas que o homem necessita conhecer o que procura, que espécie de lucros almeja, a que fins se propõe em suas atividades terrestres.

Se teus desejos repousam nas aquisições factícias, relativamente a situações passageiras ou a patrimônios fadados ao apodrecimento, renova, enquanto é tempo, a visão espiritual, porque de nada vale ganhar o mundo que te não pertence e perderes a ti mesmo, indefinidamente, para a vida imortal.

(*Caminho, verdade e vida*. FEB Editora. Cap. 58)

No rumo do amanhã[32]

Mc 8:36

Lembra-te de viver, conquistando a glória eterna do espírito.

Diariamente retiram-se da Terra criaturas cujo passo se imobiliza nos angustiosos tormentos da frustração...

Estendem os braços para o ouro que amontoaram, contudo... esse ouro apenas lhes assegura o mausoléu em que se lhes guardam as cinzas.

Alongam a lembrança para o nome em que se ilustraram nos eventos humanos, todavia... quase sempre a fulguração pessoal de que se viram objeto apenas lhes acorda o coração para a dor do arrependimento tardio.

Contemplam o campo de luta em que desenvolveram transitório domínio, mas... não enxergam senão a poeira da desilusão que lhes soterra os sonhos mortos.

Sim, em verdade, passaram no mundo em carros de triunfo na política, na fortuna, na ciência, na religião, no poder...

No entanto, incapazes do verdadeiro serviço aos semelhantes, enganaram tão somente a si próprios, no culto ao egoísmo e ao orgulho, à intemperança e à vaidade que lhes devastaram a vida.

E despertam, além da morte, sem recolher-lhe a renovadora luz.

Recorda os que padecem na derrota de si mesmos, depois de se acreditarem vencedores, dos que choram as horas perdidas, e procura, enquanto é hoje, enriquecer o próprio espírito para o amanhã que te aguarda, porque, consoante o ensino do Senhor, nada vale reter por fora o esplendor de todos os impérios do mundo, conservando a treva por dentro do coração.

(*Reformador*, fev. 1957, p. 28)

---

[32] Texto publicado em *Palavras de vida eterna*. Ed. Comunhão Espírita Cristã. Cap. 6.

Excesso[33]

Enquanto a criatura permanece no corpo terrestre, é natural se preocupe com o problema da própria manutenção.
Vigilância não exclui previdência.
Mas não podemos olvidar que o apego ao supérfluo será sempre introdução à loucura.

Mc 8:36

Tudo aquilo que o homem ajunta abusivamente, no campo exterior, é motivo para aflição ou inutilidade.
Patrimônios físicos sem proveito, isca de sombra atraindo inveja e discórdia.
Alimentos guardados, valores a caminho da podridão.
Roupa em desuso, asilo de traças.
Demasiados recursos amoedados, tentações para os descendentes.
Todo excesso é parede mental isolando, aqueles que o criam, em cárceres de orgulho e egoísmo, vaidade e mentira.
Repara, assim, o material que amontoas.
Tudo o que é fora de ti representa caminho em que transitas.
Agarrar-se, pois, ao efêmero é prender-se à ilusão.
Mas todos os bens espirituais que ajuntares em ti mesmo, como sejam virtude e educação, constituem valores inalienáveis a brilharem contigo, aqui ou alhures, em sublimação para a vida eterna.

(*Reformador*, maio 1960, p. 98)

---

[33] Texto publicado em *Palavras de vida eterna*. Ed. Comunhão Espírita Cristã. Cap. 73, com pequenas alterações.

E depois de seis dias, Jesus toma consigo a Pedro, Tiago e João, e os leva a sós, em particular, a um alto monte. E transfigurou-se diante deles.

Marcos 9:2

Pergunta 310 do livro *O consolador*

Pergunta: A transfiguração do Senhor é também um símbolo para a humanidade?

Resposta: Todas as expressões do Evangelho possuem uma significação divina e, no Tabor, contemplamos a grande lição de que o homem deve viver a sua existência, no mundo, sabendo que pertence ao Céu, por sua sagrada origem, sendo indispensável, desse modo, que se desmaterialize, a todos os instantes, para que se desenvolva em amor e sabedoria, na sagrada exteriorização da virtude celeste, cujos germens lhe dormitam no coração.

(*O consolador*. FEB Editora. Pergunta 310)

Imediatamente, gritando, o pai da criancinha dizia: Eu creio. Socorre minha falta de fé.

Marcos
9:24

Condição comum

Aquele homem da multidão, aproximando-se de Jesus com o filho enfermo, constitui expressão representativa do espírito comum da humanidade terrestre.

Os círculos religiosos comentam excessivamente a fé em Deus; todavia, nos instantes da tempestade, são escassos os devotos que permanecem firmes na confiança.

Revelam-se as massas muito atentas aos cerimoniais do culto exterior, participam das edificações alusivas à crença; contudo, ante as dificuldades do escândalo, quase toda gente resvala no despenhadeiro das acusações recíprocas.

Se falha um missionário, verifica-se a debandada. A comunidade dos crentes pousa os olhos nos homens falíveis, cegos às finalidades ou indiferentes às instituições. Em tal movimento de insegurança espiritual, sem paradoxo, as criaturas humanas creem e descreem, confiando hoje e desfalecendo amanhã.

Somos defrontados, ainda, pelo regime de incerteza de espíritos infantis que mal começam a conceber noções de responsabilidade.

Felizes, pois, aqueles que, à maneira do pai necessitado, se acercarem do Cristo, confessando a precariedade da posição íntima. Assim, afirmando a crença com a boca, pedirão, ao mesmo tempo, ajuda para a sua falta de fé, atestando com lágrimas a própria miserabilidade.

(*Pão nosso*. FEB Editora. Cap. 123)

E ele, sentando-se, chamou os doze, e lhes diz: se alguém quer ser [o] primeiro, será [o] último de todos e [o] servidor de todos.

Marcos 9:35

Maiorais

Ser dos primeiros na Terra não é problema de solução complicada.

Há maiorais no mundo em todas as situações.

A ciência, a filosofia, o sacerdócio, tanto quanto a política, o comércio e as finanças podem exibi-los, facilmente.

Os homens principais da ciência, com legítimas exceções, costumam ser grandes presunçosos; os da filosofia, argutos sofistas do pensamento; os do sacerdócio, fanáticos sem compreensão da verdadeira fé. Em política, muitos dos maiorais são tiranos; no comércio, inúmeros são exploradores e, nas finanças, muitos deles não passam de associados das sombras contra os interesses coletivos.

Ser dos primeiros, no entanto, nas esferas de Jesus sobre a Terra, não é questão de fácil acesso à criatura vulgar.

Nos departamentos do mundo materializado, os principais devem ser os primeiros a serem servidos e contam com a obediência compulsória de todos.

Em Cristianismo puro, os espíritos dominantes são os últimos na recepção dos benefícios, porquanto são servos reais de quantos lhes procuram a colaboração fraterna.

É por isto que em todas as escolas cristãs há numerosos pregadores, muitos mordomos, turbas de operários, cooperadores do culto, polemistas valiosos, doutores da letra, intérpretes competentes, reformistas apaixonados, mas raríssimos apóstolos.

De modo geral, quase todos os crentes se dispõem ao ensino e ao conselho, prontos ao combate espetaculoso e à advertência humilhante ou vaidosa, poucos surgindo com o desejo de servir, em silêncio, convencidos de que toda a glória pertence a Deus.

(*Vinha de luz*. FEB Editora. Cap. 56)

Mc
9:35

Porquanto, quem vos der de beber um copo de água porque sois do Cristo, amém vos digo que de modo nenhum terá perdido a sua recompensa.

Marcos 9:41

Bilhete fraterno[34]

Meu amigo, ninguém te pede a santidade dum dia para outro.

Ninguém reclama de tua alma espetáculos de grandeza.

Todos sabemos que a jornada humana é inçada de sombras e aflições criadas por nós mesmos.

Lembra-te, porém, de que o Céu nos pede solidariedade, compreensão, amor.

Planta uma árvore benfeitora, à beira do caminho.

Escreve algumas frases amigas que consolem o irmão infortunado.

Traça pequenina explicação para a ignorância.

Oferece a roupa que se fez inútil agora, ao teu corpo, ao companheiro necessitado que segue à retaguarda.

Divide, sem alarde, as sobras de teu pão com o faminto.

Sorri para os infelizes.

Dá uma prece ao agonizante.

Acende a luz de um bom pensamento para aquele que te precedeu na longa viagem da morte.

Estende o braço à criancinha enferma.

Leva um remédio ou uma flor ao doente.

Improvisa um pouco de entusiasmo para os que trabalham contigo.

Emite uma palavra amorosa e consoladora onde a candeia do bem estiver apagada.

---

[34] Texto publicado em *Segue-me!...* Ed. O Clarim. Cap. "Bilhete fraterno", com pequenas alterações. *Nosso livro*. Ed. LAKE. Cap. "Bilhete fraterno", com pequenas alterações.

Conduze uma xícara de leite ao recém-nascido que o mundo acolheu sem um berço enfeitado.

Concede alguns minutos de palestra reconfortante ao colega abatido.

O rio é um conjunto de gotas preciosas.

A fraternidade é um sol composto de raios divinos, emitidos por nossa capacidade de amar e servir.

Mc 9:41

Quantos raios libertaste hoje do astro vivo que é teu próprio ser imortal?

Recorda o divino Mestre que teceu lições inesquecíveis, em torno do vintém de uma viúva pobre, de uma semente de mostarda, de uma dracma perdida...

Faze o bem que puderes.

Ninguém espera que apagues sozinho o incêndio da maldade.

Dá o teu copo de água fria.

(*Reformador*, jul. 1949, p. 161)

> *Jesus, porém, lhes disse: Por causa da dureza do vosso coração, [Moisés] vos escreveu este mandamento.*

Marcos
10:5

Divórcio

(*Levantar e seguir*. Ed. GEEM. Cap. "Divórcio")[35]

---

[35] N.E.: Vide nota 22.

Mas, vendo [isso], Jesus indignou-se e disse-lhes: Deixai vir a mim as criancinhas e não as impeçais, pois delas é o reino de Deus.

Marcos
10:14

Companheiros mudos[36]

Com excelentes razões, mobilizas os talentos da palavra, a cada instante, permutando impressões com os outros.

Selecionas os melhores conceitos para os ouvidos de assembleias atentas.

Aconselhas o bem, plasmando terminologia adequada para a exaltação da virtude.

Estudas Filologia e Gramática, no culto à linguagem nobre.

Encontras a frase exata, no momento certo, em que externas determinado ponto de vista.

Sabes manejar o apontamento edificante, em família.

Lecionas disciplinas diversas.

Debates problemas sociais.

Analisas os sucessos diários.

Questionas serviços públicos.

Indiscutivelmente, o verbo é luz da vida, de que o próprio Jesus se valeu para legar-nos o Evangelho renovador.

Entretanto, nesta nota simples, vimos rogar-te apoio e consolação para aqueles companheiros a quem a nossa destreza vocabular consegue servir em sentido direto.

Compareçam, às centenas, aqui e ali...

Jazem famintos e não comentam a carência de pão.

Amargam dolorosa nudez e não reclamam contra o frio.

Experimentam agoniadas depressões morais, sem pedirem qualquer reconforto à ideia religiosa.

---

[36] Texto publicado em *Livro da esperança*. Ed. Comunhão Espírita Cristã. Cap. 19, com pequenas alterações.

Mc 10:14

Sofrem prolongados suplícios orgânicos, incapazes de recorrer voluntariamente ao amparo da Medicina.

Pensa neles e, de coração enternecido, quanto puderes, oferece-lhes algo de teu amor, através da peça de roupa ou da xícara de leite, da poção medicamentosa ou do minuto de atenção e carinho, porque esses companheiros mudos e expectantes que nos rodeiam são as criancinhas necessitadas e padecentes que não podem falar.

(*Reformador*, mar. 1963, p. 58)

A criança é o futuro

No quadro de renovações imediatas do mundo, problemas angustiosos absorverão naturalmente os sociólogos mais atilados.

A civilização enferma requisita recursos salvadores, socorros providenciais, em face do transcendentalismo da atualidade. Organismo devastado por moléstias indefiníveis, a sociedade humana está compelida a examinar detidamente as questões mais dolorosas, tocando-lhes a complexidade e a extensão. Tão logo regresse à paisagem pacífica, reconhecerá a necessidade da reconstrução salutar.

Entretanto, a desilusão e o desânimo serão inevitáveis no círculo dos lutadores.

Por onde recomeçar:

As experiências amargas terão passado, rumo aos abismos do tempo, substituindo nas almas o anseio justo da concórdia geral, todavia, é razoável ponderar a preocupação torturante a se fazer sentir, em todos os planos do pensamento internacional.

As noções do direito, os ideais de justiça econômica, as garantias da paz, surgirão, à frente das criaturas, solicitando-lhes o concurso devido, para a total extinção das sombras da violência, mas, no exame das providências de ordem geral é imprescindível reconhecer que a reconstrução do planeta é iniciativa educacional.

É quase incrível, no entanto, que o problema seja, ainda, de orientação infantil, objetivando-se horizontes novos.

A criança é o futuro.

E, com exceção dos espíritos missionários, os homens de agora serão as crianças de amanhã, no processo reencarnacionista.

O trabalho redentor da nova era há de começar na alma da infância, se não quiserdes divagar nos castelos teóricos da imaginação superexcitada. É lógico que a legislação será sempre a casa nobre dos princípios que asseguram os direitos do homem, entretanto, os governos não poderiam realizar integralmente a obra renovadora sem a colaboração daqueles que hajam sentido a verdade e o bem com Jesus Cristo.

Mc 10:14

A crise do mundo não será solucionada com a simples extinção da guerra.

O quadro de serviço presente é campo de tarefas esmagadoras que assombram pela grandeza espiritual.

Pede-se a paz com vitória do direito e ninguém contesta a legitimidade de semelhante solicitação. Mas é indispensável organizar o programa de amanhã. A Sociologia abrirá as possibilidades que lhe são próprias, por restituir ao mundo o verdadeiro equilíbrio de sua evolução ascensional.

Não nos esqueçamos, porém, de que a psicologia do homem comum ainda se enquadra na esfera de análise devida à criança.

É por isto, talvez, que Jesus, por mais de uma vez, deixou escapar o sublime apelo: "Deixai vir a mim os pequeninos". Não observamos aqui, tão somente, o símbolo da ternura. O Mestre não demonstrava atitude meramente acidental, junto à paisagem humana, aureolada de sorrisos infantis. Aludia, sim, à tarefa bem mais profunda no tempo e no espaço. Sabia Ele que durante séculos a grande questão das criaturas estaria moldada em necessidades educativas. E com muita propriedade o Cristo exclama — "deixai vir a mim" — e não simplesmente — "vinde a mim". Sua exortação divina atinge a todos os que receberam a mordomia da responsabilidade espiritual nos quadros evolucionários da Terra, para que não impeçam à mente humana o acesso real às suas fontes de verdades sublimes.

Constituindo a infância a humanidade futura, reconhecemos ao seu lado a região de semeadura proveitosa. E, reconhecendo, nós outros, que Jesus é o Caminho, a Verdade e a Vida,

Mc
10:14

não encontraremos outra senda da redenção, estranha aos fundamentos de sua doutrina de verdade e de amor.

Desse modo, a par do esforço sincero de quantos cooperam pelo ressurgimento da concórdia no mundo, voltemo-nos para as crianças de agora, cônscios de que muitos de nós seremos a infância do porvir. Organizemos o lar que forma o coração e o caráter, e a escola que iluminará o raciocínio.

Estejamos igualmente atentos à verdade de que educar não se resume apenas a providências de abrigo e alimentação do corpo perecível.

A Terra, em si mesma, é asilo de caridade em sua feição material. Governantes e sacerdotes diversos nunca esqueceram, de todo, a assistência à infância desvalida, mas são sempre raros os que sabem oferecer o abrigo do coração, no sentido de espiritualidade, renovação interior e trabalho construtivo.

Em nutrindo células orgânicas, não olvides a alimentação espiritual imprescindível às criaturas.

No quadro imenso da transformação em que vossas atividades se localizam atualmente, a iniciativa de educação é de importância essencial no equilíbrio do mundo.

Cuidemos da criança, como quem acende claridades no futuro. Compareçamos, em companhia delas, à presença espiritual de Cristo e teremos renovado o sentido da existência terrestre, colaborando para que surjam as alegrias do mundo num dia melhor.

(*Coletânea do além*. Ed. LAKE. Cap. "A criança é o futuro")

Por amor à criança[37]

Nós que tantas vezes rogamos o socorro da Providência divina, oremos ao coração da mulher, suplicando pelos filhinhos das outras! Peçamos às seareiras do bem pelas crianças

---

[37] Texto publicado em *Mãe – Antologia mediúnica*. Ed. O Clarim. Cap. "Por amor à criança", com pequenas alterações.

desamparadas, flores humanas atingidas pela ventania do infortúnio nas promessas do alvorecer!...

Pelas crianças que foram enjeitadas nos becos de ninguém.

Pelas que vagueiam sem direção, amedrontadas nas trevas noturnas.

Pelas que sugam os próprios dedos, contemplando, por vidraças faustosas, a comida que sobeja desperdiçada.

Mc 10:14

Pelas que nunca viram a luz da escola.

Pelas que dormem, estremunhadas, na goela escura do esgoto.

Pelas que foram relegadas aos abrigos de lama e se transformam em cobaias de vermes destruidores.

Pelas que a tuberculose espia, assanhada, através dos molambos com que se cobrem.

Pelas que se afligem no tormento da fome e mentalizam o furto do pão.

Pelas que jamais ouviram uma voz que as abençoasse e se acreditam amaldiçoadas pelo destino.

Pelas que foram perfilhadas por falsa ternura e são mantidas nas casas nobres quais pequenas alimárias constantemente batidas pelas varas da injúria.

E por aquelas outras que caíram, desorientadas, nas armadilhas do crime e são entregues ao vício e à indiferença, entre os ferros e os castigos do cárcere!

Mães da Terra, enquanto vos regozijais no amor de vossos filhos, descerrai os braços para os órfãos de mãe!... Lembremos o apelo inolvidável do Cristo: "deixai vir a mim os pequeninos". E recordemos, sobretudo, que, se o homem deve edificar as paredes imponentes do mundo porvindouro, só a mulher poderá convertê-lo em alegria da vida e carinho do lar.

(*O espírito da verdade*. FEB Editora. Cap. 56)

Amém vos digo: Quem não receber o reino de Deus como uma criancinha, de modo nenhum entrará nele.

Marcos
10:15

Pequeninos[38]

No mundo, resguardamos zelosamente livros e pergaminhos, empilhando compêndios e documentações, em largas bibliotecas, que são cofres fortes do pensamento.

Preservamos tesouros artísticos de outras eras, em museus que se fazem riquezas de avaliação inapreciável.

Perfeitamente compreensível que assim seja.

A educação não prescinde da consulta ao passado.

Acautelamos a existência de rebanhos e plantações contra flagelos supervenientes, despendendo milhões para sustar ou diminuir a força destrutiva das inundações e das secas.

Mobilizamos verbas astronômicas, no erguimento de recursos patrimoniais devidos ao conforto da coletividade, tanto no sustento e defesa das instituições, quanto no equilíbrio e aprimoramento das relações humanas.

Claramente normal que isso aconteça.

É indispensável prover às exigências do presente com todos os elementos necessários à respeitabilidade da vida.

Urge, entretanto, assegurar o porvir, a esboçar-se impreciso, no mundo ingênuo da infância.

Abandonar pequeninos ao léu, na civilização magnificente da atualidade, é o mesmo que levantar soberbo palácio, farto de viandas, abarrotado de excessos e faiscante de luzes, relegando o futuro dono ao relaxamento e ao desespero, fora das portas.

---

[38] Texto publicado em *Livro da esperança*. Ed. Comunhão Espírita Cristã. Cap. 18, com pequenas alterações.

A criança de agora erigir-se-nos-á fatalmente em biografia e retrato depois. Além de tudo, é preciso observar que, segundo os princípios da reencarnação, os meninos de hoje desempenharão, amanhã, junto de nós, a função de pais e conselheiros, orientadores e chefes.

Não nos cansemos, pois, de repetir que todos os bens e todos os males que depositarmos no espírito da criança ser-nos-ão devolvidos.

Mc 10:15

(*Reformador*, jul. 1963, p. 154)

> *Entre vós não é assim, mas quem quiser tornar-se o maior entre vós, será o vosso servidor.*
>
> Marcos 10:43

Entre os cristãos

Desde as eras mais remotas, trabalham os agrupamentos religiosos pela obtenção dos favores celestes.

Nos tempos mais antigos, recordava-se da Providência tão só nas ocasiões dolorosas e graves. Os crentes ofereciam sacrifícios pela felicidade doméstica, quando a enfermidade lhes invadia a casa; as multidões edificavam templos, surgindo calamidades públicas.

Deus era compreendido apenas nos dias felizes.

A tempestade purificadora pertencia aos gênios perversos.

Cristo, porém, inaugurou uma nova época. A humildade foi o seu caminho, o amor e o trabalho, o seu exemplo; o martírio a sua palma de vitória. Deixou a compreensão de que, entre os seus discípulos, o princípio de fé jamais será o da conquista fácil de favores do céu, mas o de esforço ativo pela iluminação própria e pela execução dos desígnios de Deus, através das horas calmas ou tempestuosas da vida.

A maior lição do Mestre dos mestres é a de que em vez de formularmos votos e sacrifícios convencionais, promessas e ações mecânicas, como a escapar dos deveres que nos competem, constitui-nos obrigação primária entregarmo-nos, humildes, aos sábios imperativos da Providência, submetendo-nos à vontade justa e misericordiosa de Deus, para que sejamos aprimorados em suas mãos.

(*Caminho, verdade e vida*. FEB Editora. Cap. 155)

Fenômeno e doutrina

Até hoje, os fenômenos mediúnicos que se desdobraram à margem do apostolado do Cristo se definem como sendo um conjunto de teses discutíveis, mas os ensinamentos e atitudes do Mestre constituem o maciço de luz inatacável do Evangelho, amparando os homens e orientando-lhes o caminho.

Mc 10:43

Existe quem recorra à ideia da fraude piedosa para justificar a transformação da água em vinho, nas bodas de Caná.

Ninguém vacila, porém, quanto à grandeza moral de Jesus, ao traçar os mais avançados conceitos de amor ao próximo, ajustando teoria e prática, com absoluto esquecimento de si mesmo em benefício dos outros, num meio em que o espírito de conquista legitimava os piores desvarios da multidão.

Invoca-se a psicoterapia para basear a cura do cego Bartimeu.

Há, todavia, consenso unânime, em todos os lugares, com respeito à visão superior do Mensageiro divino, que dignificou a solidariedade como ninguém, proclamando que "o maior no reino dos Céus será sempre aquele que se fizer o servidor de todos na Terra", num tempo em que o egoísmo categorizava o trabalho à conta de extrema degradação.

Fala-se em hipnose para explicar a multiplicação dos pães.

O mundo, no entanto, a uma voz, admira a coragem do eterno Amigo que se consagrou aos sofredores e aos infelizes sem qualquer preocupação de posse terrestre, conquanto pudesse escalar os pináculos econômicos, numa época em que, de modo geral, até mesmo os expositores de virtude viviam de bajular as personalidades influentes e poderosas do dia.

Questiona-se em torno do reavivamento de Lázaro.

Entretanto, não há quem negue respeito incondicional ao Benfeitor sublime que revelou suficiente desassombro para mostrar que o perdão é alavanca de renovação e vida, num quadro social em que o ódio coroado interpretava a humildade por baixeza.

Debate-se, até agora, o problema da ressurreição dele próprio.

No entanto, o mundo inteiro reverencia o Enviado de Deus, cuja figura renasce, dia a dia, das cinzas do tempo, indicando a

Mc 10:43

bondade e a concórdia, a tolerância e a abnegação por mapas da felicidade real, no centro de cooperadores que se multiplicam, em todas as nações, com a passagem dos séculos.

Recordemos semelhantes lições na Doutrina Espírita.

Fenômenos mediúnicos serão sempre motivos de experimentação e de estudo, tanto favorecendo a convicção, quanto nutrindo a polêmica, mas educação evangélica e exemplo em serviço, definição e atitude, são forças morais irremovíveis da orientação e da lógica, que resistem à dúvida em qualquer parte.

(*Mediunidade e sintonia.* Ed. Cultura Espírita União. Cap. 2)

Mais feliz

(*Monte acima.* Ed. GEEM. Cap. "Mais feliz")[39]

---

[39] N.E.: Vide nota 22.

O maior

Ainda e sempre, a vaidade humana prossegue na caça incessante aos títulos máximos na Terra.

Cartazes da imprensa e programas radiofônicos na atualidade cogitam de campeões variados que brilham, passageiros, na ribalta do mundo.

O maior pensador...
O maior cientista...
O maior industrial...
O artista maior...

E o campo de realizações terrestres, copiando-lhes o impulso, apresenta com garbo os seus expoentes mais altos...

O maior arranha-céu...
O maior transatlântico...
O maior espetáculo...
A fortuna maior...

Todavia, semelhantes pruridos de evidência terrestre não são novos.

Há quase vinte séculos, surgiam eles igualmente no colégio dos seguidores humildes do Senhor.

Nem mesmo os aprendizes do Evangelho, despretensiosos e simples, conseguiram fugir à tentação do destaque pessoal.

Eles próprios, na antevisão do paraíso, indagaram do Mestre, com desassombro inconsciente: "Quem seria o maior no reino dos Céus?".

E a resposta do Cristo, ainda hoje, é um desafio à nossa fé.

O maior no reino do Amor será sempre aquele que se fizer o servo infatigável de todos, aquele que, em se esquecendo, oferece aos outros a própria alegria que não possui, e que, em se ajustando à máquina do bem, possa apagar-se, contente e anônimo, atendendo, no lugar que lhe é próprio, à tarefa que o Senhor lhe determina...

Se procuras, desse modo, a comunhão com Jesus, onde estiveres, olvida a ti mesmo pela glória de ser útil.

Ajuda, aprende, ampara, compreende, crê e espera cada dia...

Mc 10:43

E, servindo sempre, encontrarás com o Mestre divino a felicidade perfeita, penetrando com Ele o segredo sublime da cruz, pelo qual, em se rendendo à suprema renúncia, fez-se a luz das nações e a esperança da humanidade inteira.

Mc 10:43

(*Reformador*, nov. 1955, p. 245)

Pois o filho do homem não veio para ser servido, mas para servir [...].

Marcos
10:45

Quem serve, prossegue

A natureza, em toda parte, é um laboratório divino que elege o espírito de serviço por processo normal de evolução.

Os olhos atilados observam a cooperação e o auxílio nas mais comezinhas manifestações dos reinos inferiores.

A cova serve à semente. A semente enriquecerá o homem.

O vento ajuda as flores, permutando-lhes os princípios de vida. As flores produzirão frutos abençoados.

Os rios confiam-se ao mar. O mar faz a nuvem fecundante.

Por manter a vida humana, no estágio em que se encontra, milhares de animais morrem na Terra, de hora a hora, dando carne e sangue em benefício dos homens.

Infere-se de semelhante luta que o serviço é o preço da caminhada libertadora ou santificante.

A pessoa, que se habitua a ser invariavelmente servida em todas as situações, não sabe agir sozinha em situação alguma.

A criatura que serve pelo prazer de ser útil progride sempre e encontra mil recursos dentro de si mesma, na solução de todos os problemas.

A primeira cristaliza-se.

A segunda desenvolve-se.

Quem reclama excessivamente dos outros, por não estimar a movimentação própria na satisfação de necessidades comuns, acaba por escravizar-se aos servidores, estragando o dia quando não encontra alguém que lhe ponha a mesa. Quem aprende a servir, contudo, sabe reduzir todos os embaraços da senda, descobrindo trilhos novos.

Mc
10:45

Aprendiz do Evangelho que não improvisa a alegria de auxiliar os semelhantes permanece muito longe do verdadeiro discipulado, porquanto o companheiro fiel da Boa-Nova está informado de que Jesus veio para servir, e desvela-se, em benefício de todos, até ao fim da luta.

Se há mais alegria em dar que em receber, há mais felicidade em servir que em ser servido.

Quem serve, prossegue...

(*Fonte viva*. FEB Editora. Cap. 82)

Ele, lançando fora o seu manto, saltando, foi até Jesus.

Marcos
10:50

Capas

O *Evangelho de Marcos* apresenta interessante notícia sobre a cura de Bartimeu, o cego de Jericó.

Para receber a bênção da divina aproximação, lança fora de si a capa, correndo ao encontro do Mestre, alcançando novamente a visão para os olhos apagados e tristes.

Não residirá nesse ato precioso símbolo?

As pessoas humanas exibem no mundo as capas mais diversas. Existem mantos de reis e de mendigos. Há muitos amigos do crime que dão preferência a "capas de santos". Raros os que não colam ao rosto a máscara da própria conveniência. Alega-se que a luta humana permanece repleta de requisições variadas, que é imprescindível atender à movimentação do século; entretanto, se alguém deseja sinceramente a aproximação de Jesus, para a recepção de benefícios duradouros, lance fora de si a capa do mundo transitório e apresente-se ao Senhor, tal qual é, sem a ruinosa preocupação de manter a pretensa intangibilidade dos títulos efêmeros, sejam os da fortuna material ou os da exagerada noção de sofrimento. A manutenção de falsas aparências, diante do Cristo ou de seus mensageiros, complica a situação de quem necessita. Nada peças ao Senhor com exigências ou alegações descabidas. Despe a tua capa mundana e apresenta-te a Ele, sem mais nem menos.

(*Caminho, verdade e vida*. FEB Editora. Cap. 98)

> [...] Jesus disse: Que queres que eu te faça? [...]
>
> Marcos 10:51

Em nossa marcha

Cada aprendiz em sua lição.
Cada trabalhador na tarefa que lhe foi cometida.
Cada vaso em sua utilidade.
Cada lutador com a prova necessária.
Assim, cada um de nós tem o testemunho individual no caminho da vida.
Por vezes, falhamos aos compromissos assumidos e nos endividamos infinitamente. No serviço reparador, todavia, clamamos pela Misericórdia do Senhor, rogando-lhe compaixão e socorro.
A pergunta endereçada pelo Mestre ao cego de Jericó é, porém, bastante expressiva.
"Que queres que Eu faça?"
A indagação deixa perceber que a posição melindrosa do interessado se ajustava aos imperativos da Lei.
Nada ocorre à revelia dos Divinos Desígnios.
Bartimeu, o cego, soube responder, solicitando visão. Entretanto, quanta gente roga acesso à presença do Salvador e, quando por Ele interpelada, responde em prejuízo próprio?
Lembremo-nos de que, por vezes, perdemos a casa terrestre a fim de aprendermos o caminho da casa celeste; em muitas ocasiões, somos abandonados pelos mais agradáveis laços humanos, de maneira a retornarmos aos vínculos divinos; há épocas em que as feridas do corpo são chamadas a curar as chagas da alma, e situações em que a paralisia ensina a preciosidade do movimento.

É natural peçamos o auxílio do Mestre em nossas dificuldades e dissabores; entrementes, não nos esqueçamos de trabalhar pelo bem, nas mais aflitivas passagens da retificação e da ascensão, convictos de que nos encontramos invariavelmente na mais justa e proveitosa oportunidade de trabalho que merecemos, e que talvez não saibamos, de pronto, escolher outra melhor.

Mc 10:51

(*Fonte viva*. FEB Editora. Cap. 89)

Em resposta, Jesus lhe diz: Tende fé em Deus.

Marcos
11:22

Tende fé em Deus[40]

Bastas vezes, as dificuldades na concretização de um projeto elevado se nos afiguram inamovíveis.

Começamos por reconhecer-lhes o peso inquietante e estimáveis companheiros acabam por destacar-nos a importância delas, como a dizer-nos que é preciso renunciar ao bem que pretendemos fazer.

Tudo, aparentemente, é obstáculo intransponível...

Mas Deus intervém e uma porta aparece.

Há circunstâncias, nas quais o problema com que somos defrontados, numa questão construtiva, é julgado insolúvel.

Passamos a inquietar-nos e, não raro, especialistas no assunto comparecem junto de nós, apontando-nos a impraticabilidade da solução.

As obscuridades crescem por sombras indevassáveis...

Mas Deus interfere e desponta uma luz.

Em certas ocasiões, uma pessoa querida, ao perturbar-se de chofre, fornece a impressão de doente irrecuperável.

Afligimo-nos ao vê-la assim em desequilíbrio e, quase sempre, observadores amigos comentam a inexequibilidade de qualquer melhoria, induzindo-nos a largá-la ao próprio infortúnio.

Avoluma-se a prova que lembra angústia inarredável...

Mas Deus determina e surge um remédio.

Ocorrem-te no mundo as mesmas perplexidades, em matéria de saúde, família, realizações.

---

[40] Texto publicado em *Palavras de vida eterna*. Ed. Comunhão Espírita Cristã. Cap. 162.

Salientam-se fases de trabalho em que a luta é suposta invencível, com absoluto desânimo daqueles que te rodeiam, mas Deus providencia e segues, tranquilo, à frente.

Por mais áspera a crise, por maior a consternação, não percas o otimismo e trabalha, confiante.

Ouçamos, nós todos, a indicação de Jesus: "Tende fé em Deus".

Mc 11:22

(*Reformador*, jun. 1964, p. 125)

Confiando

Tendo fé nas descobertas e nas observações conjugadas de físicos, astrônomos e matemáticos, o homem construiu o foguete com que explora vitoriosamente o espaço cósmico; tendo fé nas ondas eletromagnéticas, formou as bases da televisão que hoje transmite a palavra e a imagem a longas distâncias, simultaneamente, em todas as direções; tendo fé nos processos imunológicos, iniciados e desenvolvidos por ele mesmo, criou a vacina, liquidando o problema das moléstias contagiosas que, de tempos a tempos, dizimavam milhares de existências no mundo; tendo fé na escola, dividiu-a em setores múltiplos e estabeleceu cursos específicos, de modo a servir às criaturas, da infância à maturidade, afastando a humanidade dos prejuízos da insipiência e do flagelo da ignorância; tendo fé no motor, inventou o automóvel em que se transporta, à vontade, de região para região, atendendo aos próprios interesses com inestimável ganho de tempo.

Assim também, confiando nos ensinamentos do Cristo e praticando-os como se faz necessário, a criatura edificará a sua própria felicidade; entretanto, qual acontece ao foguete, à televisão, à vacina, à escola e ao automóvel, que funcionam, segundo os princípios em que se baseiam, a fim de oferecerem os frutos preciosos, no auxílio ao homem, a fé nas lições de Jesus só vale devidamente se for usada.

(*Ceifa de luz*. FEB Editora. Cap. 53)

Amém, vos digo que quem disser a este monte: Sejas tirado e lançado ao mar, e não duvidar no seu coração, mas crer que o que está dizendo acontece, [assim] será para ele.

Marcos
11:23

Alcancemos a luz

(*Mais perto*. Ed. GEEM. Cap. "Alcancemos a luz")[41]

---

[41] N.E.: Vide nota 22.

E, quando estiverdes orando, perdoai [...].

Marcos
11:25

Quando orardes

A sincera atitude da alma na prece não obedece aos movimentos mecânicos vulgares. Nas operações da luta comum, a criatura atende, invariavelmente, aos automatismos da experiência material que se modifica de maneira imperceptível, nos círculos do tempo; todavia, quando se volta a alma aos santuários divinos do plano superior, por meio da oração, põe-se a consciência em contato com o sentido eterno e criador da vida infinita.

Examine cada aprendiz as sensações que experimenta se colocando na posição de rogativa ao Alto, compreendendo que se lhe faz indispensável a manutenção da paz interna perante as criaturas e quadros circunstanciais do caminho.

A mente que ora permanece em movimentação na esfera invisível.

As inteligências encarnadas, ainda mesmo quando se não conheçam entre si, na pauta das convenções materiais, comunicam-se por tênues fios do desejo manifestado na oração. Em tais instantes, que devemos consagrar exclusivamente à zona mais alta de nossa individualidade, expedimos mensagens, apelos, intenções, projetos e ansiedades que procuram objetivo adequado.

É digno de lástima todo aquele que se utiliza da oportunidade para dilatar a corrente do mal, consciente ou inconscientemente. É por este motivo que Jesus, compreendendo a carência de homens e mulheres isentos de culpa, lançou este expressivo programa de amor, em benefício de cada discípulo do Evangelho: "E, quando estiverdes orando, perdoai."

(*Pão nosso*. FEB Editora. Cap. 45)

Orar e perdoar

Mc 11:25

Como poderá alguém manter a própria consciência tranquila sem intenções sinceras?

De igual modo, poderemos indagar:

— Como sustentar o coração sereno durante a prece, sem análise real de si mesmo?

A oração para surtir resultados essenciais de conforto exige enfrentemos a consciência em todas as circunstâncias.

Intenções estranhas e sentimentos propositadamente viciados não se conciliam com o clima favorável à segurança de espírito.

A coexistência do mal e do bem no íntimo do ser impossibilita o estabelecimento da paz.

Sentimentos odiosos e vindicativos impedem a floração da espiritualidade superior.

A Deus não se ilude.

E a oração exterioriza a nossa emoção real.

Dessa maneira, sem a luz da harmonia e do amor, não perceberemos a resposta celeste às nossas necessidades.

A Lei não se dobra às nossas fraquezas, porque a Vontade divina não pode errar com a vontade humana, competindo-nos o dever de adaptarmo-nos aos excelsos Desígnios.

Atenta, pois, para as diretrizes que imprimes às tuas preces, na certeza de que o perdão deve ter presença invariável em todos os nossos atos para que as nossas petições encontrem livre curso, na direção de Deus.

(*Ideal espírita*. Ed. Comunhão Espírita Cristã. Cap. 90)

*Jesus, porém, lhes disse: Restituí a César [as coisas]
de César, e a Deus [as coisas] de Deus. [...]*

Marcos
12:17

Nós e César

Em todo lugar do mundo, o homem encontrará sempre, de acordo com os seus próprios merecimentos, a figura de César, simbolizada no governo estatal.

Maus homens, sem dúvida, produzirão maus estadistas.

Coletividades ociosas e indiferentes receberão administrações desorganizadas.

De qualquer modo, a influência de César cercará a criatura, reclamando-lhe a execução dos compromissos materiais.

É imprescindível dar-lhe o que lhe pertence.

O aprendiz do Evangelho não deve invocar princípios religiosos ou idealismo individual para eximir-se dessas obrigações.

Se há erros nas leis, lembremos a extensão de nossos débitos para com a Providência divina e colaboremos com a governança humana, oferecendo-lhe o nosso concurso em trabalho e boa vontade, conscientes de que desatenção ou revolta não nos resolvem os problemas.

Preferível é que o discípulo se sacrifique e sofra a demorar-se em atraso, ante as leis respeitáveis que o regem, transitoriamente, no plano físico, seja por indisciplina diante dos princípios estabelecidos ou por doentio entusiasmo que o tente a avançar demasiadamente na sua época.

Há decretos iníquos?

Recorda se já cooperaste com aqueles que te governam a paisagem material.

Vive em harmonia com os teus superiores e não te esqueças de que a melhor posição é a do equilíbrio.

Se pretendes viver retamente, não dês a César o vinagre da crítica acerba. Ajuda-o com o teu trabalho eficiente, no sadio desejo de acertar, convicto de que ele e nós somos filhos do mesmo Deus.

(*Pão nosso*. FEB Editora. Cap. 102)

Mc 12:17

Os minutos de Deus

Se é imperioso reconhecer a nossa obrigação de dar a César o que é de César, somos constrangidos a observar que a experiência material reclama excessivamente da criatura.

O homem, quando integrado em suas funções habituais, é convidado a obrigações mil cada dia.

Preocupações, ansiedades, exigências e ilusões obscurecem a visão da alma encarnada que, pouco a pouco, quase sempre, desce devagar ao abismo largo da tristeza e do desencanto, quando não dispõe dos recursos da fé.

Isso, contudo, acontece vulgarmente, porque raros são os homens que se lembram dos minutos de Deus, no círculo das horas.

Não nos esqueçamos de que o poder humano, seja qual for a sua origem, procede do eterno Pai, e, se é justo pagar os tributos que nos competem na esfera densa, quando nos envolvemos nos fluidos carnais, ninguém está impedido de libertar-se, em espírito, a fim de procurar o Senhor e fruir-lhe a bondade infinita.

Inicia a tua obra de autolibertação, concedendo alguns instantes ao Criador em suas criaturas e em suas edificações, cada dia, distribuindo algo de ti mesmo em amor, em generosidade, em paz, cooperação, bom ânimo e alegria e observarás que o espaço e o tempo do Senhor, em tua vida, crescerão gradativamente, exonerando-te de pesados impostos para com a experiência comum.

Entrega a César o que a ele pertence, mas não olvides as obrigações que nos ligam ao Céu, porque, assim, nos adiantaremos para o Alto, confiando os nossos melhores sentimentos ao culto da fraternidade, com trabalho espontâneo a benefício dos nossos semelhantes, em toda parte.

Ninguém permanece inibido de cultivar a verdadeira felicidade, que somente floresce e frutifica no santuário do coração.

Consagremos, pois, a Deus os minutos de bondade e harmonia que devemos improvisar em Seu Nome, em favor da comunidade, dentro da qual evoluímos na luta cotidiana, e o Senhor, em sua magnanimidade imensurável, nos entregará a Eternidade com libertação imperecível.

Mc 12:17

(*Reformador*, dez. 1953, p. 280)

Ele não é Deus de mortos, mas de vivos. Estais muito enganados.

Marcos 12:27

Sempre vivos

Considerando as convenções estabelecidas em nosso trato com os amigos encarnados, de quando em quando nos referimos à vida espiritual utilizando a palavra "morte" nessa ou naquela sentença de conversação usual. No entanto, é imprescindível entendê-la, não por cessação, e sim por atividade transformadora da vida.

Espiritualmente falando, apenas conhecemos um gênero temível de morte — a da consciência denegrida no mal, torturada de remorso ou paralítica nos despenhadeiros que marginam a estrada da insensatez e do crime.

É chegada a época de reconhecermos que todos somos vivos na Criação eterna.

Em virtude de tardar semelhante conhecimento nos homens é que se verificam grandes erros. Em razão disso, a Igreja Católica Romana criou, em sua teologia, um céu e um inferno artificiais; diversas coletividades das organizações evangélicas protestantes apegam-se à letra, crentes de que o corpo, vestimenta material do Espírito, ressurgirá um dia dos sepulcros, violando os princípios da natureza, e inúmeros espiritistas nos têm como fantasmas de laboratório ou formas esvoaçantes, vagas e aéreas, errando indefinidamente.

Quem passa pela sepultura prossegue trabalhando e, aqui, quanto aí, só existe desordem para o desordeiro. Na crosta da Terra ou além de seus círculos, permanecemos vivos invariavelmente.

Não te esqueças, pois, de que os desencarnados não são magos nem adivinhos. São irmãos que continuam na luta de aprimoramento. Encontramos a morte tão somente nos caminhos do mal, onde as sombras impedem a visão gloriosa da vida.

Guardemos a lição do Evangelho e jamais esqueçamos que nosso Pai é Deus dos vivos imortais.

(*Pão nosso*. FEB Editora. Cap. 42)

Mc 12:27

Respondeu Jesus que o primeiro é: Ouve, Israel! O Senhor [é] nosso Deus, o Senhor é único.

Marcos 12:29

Observação primordial

Replicando ao escriba que o interpelou com relação ao primeiro de todos os mandamentos, Jesus precede o artigo inicial do Decálogo de observação original que merece destacada.

Antes de todos os programas de Moisés, das revelações dos Profetas e de suas próprias bênçãos redentoras no Evangelho, o Mestre coloca uma declaração enérgica de princípios, conclamando todos os espíritos ao plano da unidade substancial. Alicerçando o serviço salvador que Ele mesmo trazia das esferas mais altas, proclama o Cristo à humanidade que só existe um Senhor Todo-Poderoso — o Pai de infinita Misericórdia.

Sabia, de antemão, que muitos homens não aceitariam a verdade, que almas numerosas buscariam escapar às obrigações justas, que surgiriam retardamento, má vontade, indiferença e preguiça em relação a Boa-Nova; no entanto, sustentou a unidade divina, a fim de que todos os aprendizes se convencessem de que lhes seria possível envenenar a liberdade própria, criar deuses fictícios, erguer discórdias, trair provisoriamente a Lei, estacionar nos caminhos, ensaiar a guerra e a destruição; contudo, jamais poderiam enganar o plano das verdades eternas, ao qual todos se ajustarão, um dia, na perfeita compreensão de que "o Senhor é nosso Deus, o Senhor é um só."

(*Pão nosso*. FEB Editora. Cap. 105)

[O] segundo [é] este: Amarás o teu próximo como a ti mesmo. Não há outro mandamento maior do que estes.

Marcos 12:31

Pergunta 351 do livro *O consolador*

Pergunta: Como entender o "amor a nós mesmos", segundo a fórmula do Evangelho?

Resposta: O amor a nós mesmos deve ser interpretado como a necessidade de oração e de vigilância, que todos os homens são obrigados a observar.

Amar a nós mesmos não será a vulgarização de uma nova teoria de autoadoração. Para nós outros, a egolatria já teve o seu fim, porque o nosso problema é de iluminação íntima, na marcha para Deus. Esse amor, portanto, deve traduzir-se em esforço próprio, em autoeducação, em observação do dever, em obediência às leis de realização e de trabalho, em perseverança na fé, em desejo sincero de aprender com o único Mestre, que é Jesus Cristo.

Quem se ilumina, cumpre a missão da luz sobre a Terra. E a luz não necessita de outros processos para revelar a verdade, senão o de irradiar espontaneamente o tesouro de si mesma.

Necessitamos encarar essa nova fórmula de amor a nós mesmos, conscientes de que todo bem conseguido por nós, em proveito do próximo, não é senão o bem de nossa própria alma, em virtude da realidade de uma só lei, que é a do amor, e um só dispensador dos bens, que é Deus.

(*O consolador*. FEB Editora. Pergunta 351)

Diante do próximo

O próximo, em cada minuto, é aquele coração que se acha mais próximo do nosso, por divina sugestão de amor no caminho da vida.

No lar, é a esposa e o esposo, os pais e os filhos, os parentes e os hóspedes.

No templo do trabalho comum, é o chefe e o subordinado, o cooperador e o companheiro.

Na via pública, é o irmão ou o amigo anônimo que partilham conosco a mesma estrada e o mesmo clima.

Na esfera social, é a criança e o doente, o desesperado e o triste, as afeições e os laços da solidariedade comum.

Na luta contundente do esforço humano, é o adversário e o colaborador, o inimigo declarado ou oculto ou, ainda, o associado de ideais que se expressam por nossos instrutores.

Em toda parte, encontrarás o próximo, buscando-te a capacidade de entender e de ajudar.

Auxilia-o com aquilo que possuas de melhor.

Os santos e os heróis ainda não residem na Terra. Somos espíritos humanos, mistos de luz e sombra, amor e egoísmo, inteligência e ignorância.

Cada homem, na fase evolutiva em que nos encontramos, traz uma auréola de rei e uma espada de tirano.

Se chamas o fidalgo, encontrarás um servidor...

Se procuras o guerreiro, terás um inimigo feroz pela frente...

Por isso mesmo, reafirmou Jesus o velho ensinamento da Lei — "ama o próximo, como a ti mesmo..."

(*Taça de luz*. Ed. LAKE. Cap. 12)

Mc 12:31

Em seu ensino dizia: Vede [o proceder] dos escribas, que querem: andar com estolas, saudações nas praças.

Marcos
12:38

Escritores

As letras do mundo sempre estiveram cheias de "escribas que gostam de andar com vestes compridas".

Jesus referia-se não só aos intelectuais ambiciosos, mas também aos escritores excêntricos que, a pretexto de novidade, envenenam os espíritos com as suas concepções doentias, oriundas da excessiva preocupação de originalidade.

É preciso fugir aos que matam a vida simples.

O tóxico intelectual costuma arruinar numerosas existências.

Há livros cuja função útil é a de manter aceso o archote da vigilância nas almas de caráter solidificado nos ideais mais nobres da vida. Ainda agora, quando atravessamos tempos perturbados e difíceis para o homem, o mercado de ideias apresenta-se repleto de artigos deteriorados, pedindo a intervenção dos postos de "higiene espiritual".

Podereis alimentar o corpo com substâncias apodrecidas?

Vossa alma, igualmente, não poderá nutrir-se de ideais inferiores, na base da irreligião, do desrespeito, da desordem, da indisciplina.

Observai os modelos de decadência intelectual e refleti com sinceridade na paz que desejais intimamente. Isso constituirá um auxílio forte, em favor da extinção dos desvios da inteligência.

(*Caminho, verdade e vida*. FEB Editora. Cap. 28)

[...] Amém, vos digo que esta viúva pobre colocou mais do que todos os que estão colocando no gazofilácio.

Marcos 12:43

Deveres humildes

Abracemos, felizes, as atividades obscuras que a vida nos reserva.

Grande é o sol que sustenta os mundos e grande é a semente que nutre os homens.

Engenheiros planificam a estrada, consultando livros preciosos no gabinete e, a breve tempo, larga avenida pode surgir da selva.

Entretanto, para que a realização apareça, tarefeiros abnegados removem estorvos do solo e transpiram no calçamento.

Urbanistas esboçam a planta de enorme edifício, alinhando traços nobres, ante a mesa tranquila e é possível que arranha-céu se levante, pressuroso, acolhendo com segurança numerosas pessoas.

Todavia, a fim de que a obra se erga, esfalfam-se lidadores suarentos, na garantia dos alicerces.

Técnicos avançados estruturam as máquinas que exaltam a indústria e, com elas, é provável se eleve o índice da evolução de povos inteiros.

No entanto, para que isso aconteça, é indispensável que operários valorosos exponham as próprias vidas, junto aos fornos candentes de ferro e aço.

Negociantes de prol arregimentam os produtos da terra e por eles, conseguem formar a economia e o sustento de grandes comunidades.

Mas semelhante vitória comercial exige que anônimos semeadores chafurdem as mãos no limo da gleba.

Não perguntes "quem sou eu?", nem digas "nada valho".

Honremos o serviço que invariavelmente nos honra, guardando-lhe fidelidade e ofertando-lhe as nossas melhores forças, ainda mesmo quando se expresse, através de ocupação, supostamente esquecida na retaguarda.

Nos princípios que regem o universo, todo trabalho construtivo é respeitável.

Repara esse dispositivo da Lei divina funcionando em ti próprio.

Mc 12:43

Caminhas e pensas de cabeça içada à glória do firmamento, contudo, por ti mesmo, não avançarás para a frente, sem a humildade dos pés.

(*Livro da esperança*. Ed. Comunhão Espírita Cristã. Cap. 34)

Jesus começou a dizer: Vede que ninguém vos engane!

Marcos
13:5

Não vos enganeis!

(*Harmonização*. Ed. GEEM. Cap. "Não vos enganeis!")[42]

---

[42] N.E.: Vide nota 22.

E quando vos conduzirem, ao [vos] entregarem,
não vos inquieteis [em razão do] que falareis, mas
falai o que vos for dado naquela hora, pois não
sois vós os que falam, mas o espírito santo.

Marcos
13:11

Defesa[43]

Se tens a consciência tranquila no cumprimento do próprio dever, guardas em ti mesmo cidadela e refúgio.

Não te percas em conflitos inúteis, nem te emaranhes nas explicações infindáveis.

Acusado de mistificador, responde com o devotamento à verdade.

Acusado de malfeitor, responde fazendo o bem.

Por todas as culpas imaginárias em que te cataloguem o nome, oferece por resposta a prestação de serviço.

O fruto revela a árvore.

A obra fala do homem.

Quem te provoca, através do escárnio, mostra-se mal informado ou doente; e quem te fere, através do insulto, traz consigo pensamentos de ódio e destruição.

Não lhes sanarias o mal à força de palavras somente.

Dá-lhes a conhecer a própria rota no trabalho edificante que realizas e a Luz divina inspirar-te-á o verbo justo, no instante certo.

Meditando sobre a atitude do Cristo, ao deixar justiçar-se, nos tribunais terrenos, ante a sanha dos cruéis detratores que o içaram à cruz, somos induzidos a pensar que o Mestre — centralizado nas construções da Vontade do Pai — teria agido assim por ter mais que fazer que gastar tempo com defesas desnecessárias.

(*Reformador*, nov. 1959, p. 252)

---

[43] Texto publicado em *Palavras de vida eterna*. Ed. Comunhão Espírita Cristã. Cap. 65, com pequenas alterações.

> *Olhai! Vigiai! [Orai!] Pois não sabeis quando será o tempo.*
> Marcos 13:33

Compaixão e justiça

O Amor universal favorece o levantamento da escola, mas, se te negas a aprender, ninguém te pode arrancar às trevas da ignorância.

A divina Presciência estabelece regras e meios para a higiene, mas, se desertas do cuidado para contigo, albergarás, no próprio corpo, largo pasto à imundície.

A infinita Bondade inspira a elaboração do remédio que te alivie ou cure as doenças nessa ou naquela circunstância difícil, mas, se recusas o medicamento, continuarás sofrendo o desequilíbrio.

A eterna Sabedoria promove a fabricação de extintores e encoraja a educação de bombeiros, mas, se ateias fogo na própria casa, padecerás, de imediato, os resultados do incêndio.

A Providência vigilante suscita a formação de recursos para cultivo e defesa da gleba, mas, se foges do trabalho, a breve tempo terás, no próprio campo, vasta coleção de espinheiros e serpentes.

Deus dá a semente, mas pede serviço para que o pão apareça; espalha ensinamentos, mas pede estudo para que haja aprimoramento do espírito.

Não procures enganar a ti mesmo, aguardando compaixão sem justiça.

Anota os fenômenos da existência e reconhecerás que a vida te concede guias e explicadores, estradas e máquinas; no entanto, exige que penses com a própria cabeça e andes com os próprios pés.

Afirma Allan Kardec: "Certo, a misericórdia de Deus é infinita, mas não é cega".

E Jesus, encarecendo a responsabilidade que nos supervisiona os caminhos, adverte-nos no versículo 33 do capítulo 13, no *Evangelho de Marcos*: "Olhai, vigiai e orai...".

Observemos que o apelo à prudência não inclui simplesmente o "vigiai" e o "orai", e sim começa, com ampla objetividade, pelo imperativo categórico: "Olhai".

Mc 13:33

(*Justiça divina*. FEB Editora. Cap. 79)

Olhai

Marcos registra determinada fórmula de vigilância que revela a nossa necessidade de mobilizar todos os recursos de reflexão e análise.

Muitas vezes, referimo-nos ao "orai e vigiai", sem meditar-lhe a complexidade e a extensão.

É indispensável guardar os caminhos, imprescindível se torna movimentar possibilidades na esfera do bem, entretanto, essa atitude não dispensa a visão com entendimento.

O imperativo colocado por Marcos, ao princípio da recomendação de Jesus, é de valor inestimável à perfeita interpretação do texto.

É preciso olhar, isto é, examinar, ponderar, refletir, para que a vigilância não seja incompleta.

Discernir é a primeira preocupação da sentinela.

O discípulo não pode guardar-se, defendendo simultaneamente o patrimônio que lhe foi confiado, sem estender a visão psicológica, buscando penetrar a intimidade essencial das situações e dos acontecimentos.

Olhai o trabalho de cada dia.

O serviço comum permanece repleto de mensagens proveitosas.

Fixai as relações afetivas. São portadoras de alvitres necessários ao vosso equilíbrio.

Mc
13:33

Fiscalizai as circunstâncias observando as sugestões que vos lançam ao centro da alma.

Na casa sentimental, reúnem-se as inteligências invisíveis que permutam impressões convosco, em silêncio.

Detende-vos na apreciação do dia; seus campos constituídos de horas e minutos são repositórios de profundos ensinamentos e valiosas oportunidades.

Olhai, refleti, ponderai!... Depois disso, naturalmente, estareis prontos a vigiar e orar com proveito.

(*Vinha de luz*. FEB Editora. Cap. 87)

Ele dizia veementemente: Ainda que seja necessário morrer contigo, não te negarei. E todos também diziam o mesmo.

Marcos
14:31

Protestos verbais[44]

É indispensável que o aprendiz sincero do Evangelho esteja sempre de mãos dadas à vigilância, no capítulo dos protestos verbais de solidariedade.

As promessas mirabolantes ficam muito bem às comédias da leviandade, mas nunca aos que compreendem sinceramente o que seja esforço, trabalho, realização.

O próprio Cristo não escapou a provas supremas dessa natureza.

Ainda nas vésperas do sacrifício culminante, vemos os discípulos protestarem fidelidade e devotamento. Pedro e os companheiros declaravam-se unidos a Ele até o fim, hipotecavam-lhe amor e dedicação.

Jesus, porém, contava com o Pai e consigo mesmo nos testemunhos decisivos. E apesar dos bens divinos que disseminara entre os aflitos e sofredores, não obstante o devotamento a quantos lhe buscavam o socorro sublime, o Mestre viu-se absolutamente só, desde a prisão ao crucifixo. Recebera muitos votos de admiração, palavras de reconhecimento, declarações de solidariedade, protestos de amor; entretanto, o exemplo final revela muitos ensinamentos aos aprendizes vigilantes.

O problema da participação nas experiências de alguém nunca se resumirá numa questão de palavras.

No cenáculo do Senhor, notamos semelhante lição. Judas não pôde partilhar a vitória do Mestre em Jerusalém, como os

---

[44] Texto publicado em *Trilha de luz*. Ed. IDE. Cap. 13.

Mc
14:31

demais companheiros não conseguiram partilhar a suposta derrota do Calvário.

Lembra o Cristo, dá o testemunho e segue firme, rumo à realização divina.

Nas ilusões terrestres, não é possível fugir às dificuldades desse teor. No triunfo, lutarás contra a inveja e o despeito de outrem; no sofrimento, suportarás, muitas vezes, a traição, o esquecimento e o fel dos ingratos. Não desesperes, porém. É preciso esquecer os fantasmas e permanecer servindo ao Senhor.

(*Reformador*, jul. 1943, p. 153)

Vigiai e orai para que não entreis em tentação [...].

Marcos
14:38

Evitando a tentação[45]

Vigiar não quer dizer apenas guardar. Significa também precaver-se e cuidar. E quem diz cuidar afirma igualmente trabalhar e defender-se.

Orar, a seu turno, não exprime somente adorar e aquietar-se, mas, acima de tudo, comungar com o Poder divino, que é crescimento incessante para a luz, e com o divino Amor, que é serviço infatigável no bem.

Tudo o que repousa em excesso é relegado pela natureza à inutilidade.

O tesouro escondido transforma-se em cadeia de usura. A água estagnada cria larvas de insetos patogênicos.

Não te admitas na atitude de vigilância e oração, fugindo à luta com que a Terra te desafia.

Inteligência parada e mãos paradas impõem paralisia ao coração que, da inércia, cai na cegueira.

Vibra com a vida que estua, sublime, ao redor de ti, e trabalha infatigavelmente, dilatando as fronteiras do bem, aprendendo e ajudando aos outros em teu próprio favor. Essa é a mais alta fórmula de vigiar e orar para não cairmos em tentação.

(*Reformador*, jan. 1956, p. 4)

---

[45] Texto publicado em *Palavras de vida eterna*. Ed. Comunhão Espírita Cristã. Cap. 3.

Oremos agindo[46]

Mc 14:38

Diante da prova, orar, envidando meios de transformá-la em experiência benéfica.

Diante da penúria, orar, desenvolvendo serviço que a desfaça.

Diante da ignorância, orar, acendendo luz que lhe dissipe a sombra.

Diante da enfermidade, orar, procurando medicação que lhe afaste os prejuízos.

Diante do desastre, orar, empreendendo ações que lhe anulem os efeitos.

Diante da dificuldade, orar, aproveitando a lição dos obstáculos, de modo a evitá-los futuramente.

Diante do sofrimento, orar, construindo caminhos para a devida libertação.

Diante da discórdia, orar, edificando recursos para o estabelecimento da paz.

Orar sempre, mas agir cada vez mais para que se realize o melhor.

Disse-nos o Senhor: "vigiai e orai, para que não entreis em tentação..." e, realmente, acima de tudo, vigiam e oram aqueles que ativamente se esforçam para que, em tudo, se faça o bem que nos cabe fazer.

(*Reformador*, jun. 1967, p. 122)

---

[46] Texto publicado em *Bênção de paz*. Ed. GEEM. Cap. 59.

Ao aproximar-se, veio logo e lhe disse: Rabbi! E o beijou.

Marcos
14:45

Com um beijo

Ninguém pode turvar a fonte doce da afetividade em que todas as criaturas se dessedentam sobre o mundo.

A amizade é a sombra amiga da árvore do amor fraterno. Ao bálsamo de sua suavidade, o tormento das paixões atenua os rigores ásperos. É pela realidade do amor que todas as forças celestes trabalham.

Com isso, reconhecemos as manifestações de fraternidade como revelações dos traços sublimes da criatura.

Um homem estranho à menor expressão de afeto é um ser profundamente desventurado. Mas, aprendiz algum deve olvidar quanta vigilância é indispensável nesse capítulo.

Jesus, nas horas derradeiras, deixa uma lição aos discípulos do futuro.

Não são os inimigos declarados de sua missão divina que vêm buscá-Lo em Gethsemani. É um companheiro amado. Não é chamado à angústia da traição com violência. Sente-se envolvido na grande amargura por um beijo. O Senhor conhecia a realidade amarga. Conhecera previamente a defecção de Judas: "É assim que me entregas"? — falou ao discípulo. O companheiro frágil perturba-se e treme.

E a lição ficou gravada no Evangelho, em silêncio, atravessando os séculos.

É interessante que não se veja um sacerdote do templo, adversário franco de Cristo, afrontando-lhe o olhar sereno ao lado das oliveiras contemplativas.

É um amigo que lhe traz o veneno amargo.

Mc
14:45

Não devemos comentar o quadro, em vista de que, quase todos nós, temos sido frágeis, mais que Judas, mas não podemos esquecer que o Mestre foi traído com um beijo.

(*Alma e luz*. Ed. IDE. Cap. 9)

Ele começou a amaldiçoar e a jurar: Não conheço esse homem de quem falais.

Marcos
14:71

Pergunta 320 do livro *O consolador*

Pergunta: Que ensinamentos nos oferece a negação de Pedro?

Resposta: A negação de Pedro serve para significar a fragilidade das almas humanas, perdidas na invigilância e na despreocupação da realidade espiritual, deixando-se conduzir, indiferentemente, aos torvelinhos mais tenebrosos do sofrimento, sem cogitarem de um esforço legítimo e sincero, na definitiva edificação de si mesmas.

(*O consolador*. FEB Editora. Pergunta 320)

Vestem-no de púrpura e, trançando uma coroa de espinhos, colocam [ao redor] nele.

Marcos 15:17

A coroa

Quase incrível o grau de invigilância da maioria dos discípulos do Evangelho, na atualidade, ansiosos pela coroa dos triunfos mundanos. Desde longo tempo, as Igrejas do Cristianismo deturpado se comprazem nos grandes espetáculos, com enormes demonstrações de força política. E forçoso é reconhecer que grande número das agremiações espiritistas cristãs, ainda tão recentes no mundo, tendem às mesmas inclinações.

Individualmente, os prosélitos pretendem o bem-estar, o caminho sem obstáculos, as considerações honrosas do mundo, o respeito de todos, o fiel reconhecimento dos elevados princípios que esposaram na vida, por parte dos estranhos. Quando essa bagagem de facilidades não os bafeja no serviço edificante, sentem-se perseguidos, contrariados, desditosos.

Mas... e o Cristo? Não bastaria o quadro da coroa de espinhos para atenuar-nos a inquietação?

Naturalmente que o Mestre trazia consigo a Coroa da vida; entretanto, não quis perder a oportunidade de revelar que a coroa da Terra ainda é de espinhos, de sofrimento e trabalho incessante para os que desejem escalar a montanha da Ressurreição divina. Ao tempo em que o Senhor inaugurou a Boa-Nova entre os homens, os romanos coroavam-se de rosas; mas, legando-nos a sublime lição, Jesus dava-nos a entender que seus discípulos fiéis deveriam contar com distintivos de outra natureza.

(*Caminho, verdade e vida*. FEB Editora. Cap. 96)

Requisitam um certo Simão Cirineu — o pai de Alexandre e de Rufo — que passava, vindo do campo, a fim de que carregasse a cruz dele.

Marcos
15:21

Cruz e disciplina

Muitos estudiosos do Cristianismo combatem as recordações da cruz, alegando que as reminiscências do Calvário constituem indébita cultura de sofrimento.

Asseveram negativa a lembrança do Mestre, nas horas da crucificação, entre malfeitores vulgares.

Somos, porém, daqueles que preferem encarar todos os dias do Cristo por gloriosas jornadas e todos os seus minutos por divinas parcelas de seu ministério sagrado, ante as necessidades da alma humana.

Cada hora da presença dele entre as criaturas reveste-se de beleza particular, e o instante do madeiro afrontoso está repleto de majestade simbólica.

Vários discípulos tecem comentários extensos em derredor da cruz do Senhor e costumam examinar com particularidades teóricas os madeiros imaginários que trazem consigo.

Entretanto, somente haverá tomado a cruz de redenção que lhe compete aquele que já alcançou o poder de negar a si mesmo, de modo a seguir nos passos do divino Mestre.

Muita gente confunde disciplina com iluminação espiritual. Apenas depois de havermos concordado com o jugo suave de Jesus Cristo, podemos alçar aos ombros a cruz que nos dotará de asas espirituais para a vida eterna.

Contra os argumentos, quase sempre ociosos, dos que ainda não compreenderam a sublimidade da cruz, vejamos o exemplo do Cireneu, nos momentos culminantes do Salvador. A cruz do Cristo foi a mais bela do mundo; no entanto, o homem que o ajuda não o faz por vontade própria, e sim atendendo a requisição irresistível. E, ainda hoje, a maioria dos homens aceita as obrigações inerentes ao próprio dever, porque a isso é constrangida.

(*Pão nosso*. FEB Editora. Cap. 103)

Mc 15:21

Pergunta 316 do livro *O consolador*

Pergunta: Aceitando Jesus o auxílio de Simão, o cireneu, desejava deixar um novo ensinamento às criaturas?
Resposta: Essa passagem evangélica encerra o ensinamento do Cristo, concernente à necessidade de cooperação fraternal entre os homens, em todos os trâmites da vida.

(*O consolador*. FEB Editora. Pergunta 316)

Salva a ti mesmo, descendo da cruz!

Marcos
15:30

Ao salvar-nos

Esse grito de ironia dos homens maliciosos continua vibrando através dos séculos.

A criatura humana não podia compreender o sacrifício do Salvador. A Terra apenas conhecia vencedores que chegavam brandindo armas, cobertos de glórias sanguinolentas, heróis da destruição e da morte, a caminho de altares e monumentos de pedra.

Aquele Messias, porém, distanciara-se do padrão habitual. Para conquistar, dava de si mesmo; a fim de possuir, nada pretendia dos homens para si próprio; no propósito de enriquecer a vida, entregava-se à morte.

Em vista disso, não faltaram os escarnecedores no momento extremo, interpelando o divino Triunfador, com mordaz expressão.

Nesse testemunho, ensinou-nos o Mestre que, ao nos salvarmos, no campo da maldade e da ignorância ouviremos o grito da malícia geral, nas mesmas circunstâncias.

Se nos demoramos colados à ilusão do destaque, se somos trabalhadores exclusivamente interessados em nosso engrandecimento temporário na esfera carnal, com esquecimento das necessidades alheias, há sempre muita gente que nos considera privilegiados e vitoriosos; se ponderamos, no entanto, as nossas responsabilidades graves no mundo, chama-nos loucos e, quando nos surpreende em experiências culminantes, revestidas da dor sagrada que nos arrebata a esferas sublimes, passa junto de nós, exibindo gestos irônicos, e, recordando os altos princípios esposados por nossa vida, exclama desdenhosa: "Salva-te a ti mesmo e desce da cruz".

(*Caminho, verdade e vida*. FEB Editora. Cap. 94)

Ouvirás decerto

Mc 15:30

Se te encontras realmente empenhado na execução do bem, ouvirás, decerto, as provocações do mal em todos os instantes de testemunho.

– "Se, em verdade, vives à procura do Cristo, por que choras sob o fardo das provações?"

– "De que te serve a fé para o caminho de tanta dor?"

– "Se és médium com tarefa na caridade, onde estão os Espíritos protetores que te não aliviam as amarguras?"

– "Se guardas confiança em Jesus, mostra-te livre dos obstáculos..."

– "Se louvas o Espiritismo como Doutrina de luz, por que te demoras na sombra das aflições?"

Registrarás interrogações como essas a cada passo.

É necessário te reveles à altura do conhecimento superior com que a Bondade divina te favorece, demonstrando que os princípios sublimes de tua fé não se movimentam na direção do conforto imediatista da carne, mas sim no rumo do burilamento espiritual, pelos tempos afora.

Ensinarás com o teu exemplo que o Evangelho não é oficina de vantagens na experiência material, mas sim templo de trabalho redentor para que venhamos a consertar nós mesmos, diante da Vida eterna.

Farás da mediunidade instrumento para a lavoura do bem, ainda mesmo te custe imensuráveis sacrifícios, ajudando aos outros sem cogitar de auxílio a ti mesmo, como quem sabe que a Lei do Amor é o sustentáculo do universo, providenciando socorro natural a quem se consagra ao socorro dos semelhantes.

Converterás o Espiritismo, na tua senda, em força educativa da alma, sem exigir que o mundo se te afeiçoe às conveniências.

Buscarás a luz onde a luz se encontre.

Desculparás toda ofensa.

Elegerás na fraternidade a tua bandeira.

Conjugarás o verbo servir onde estiveres.

Começarás o trabalho de redenção em ti mesmo.

Orarás por quem te fira ou calunie.

Amarás os próprios adversários.

Ajudarás sem exigência.

Contudo, para o exercício de semelhante apostolado, não passarás sobre a Terra sem o assédio da incompreensão e do escárnio, porque o próprio Cristo foi por eles visado, através daqueles que, em lhe rodeando o madeiro de sacrifício, lhe gritavam, zombeteiros e irônicos: "Salva-te a ti mesmo e desce da cruz". Mc 15:30

(*Palavras de vida eterna.* Ed. Comunhão Espírita Cristã. Cap. 25)

> *O Cristo! O Rei de Israel! Desça, agora, da cruz para que vejamos e creiamos. [...]*
>
> Marcos 15:32

O mundo e a crença

Porque são muito raros os homens habilitados à verdadeira compreensão da crença pura em seus valores essenciais, encontramos os que injuriaram o Cristo para confirmá-lo.

A mentalidade milagreira sempre nadou na superfície dos sentidos, sem atingir a zona do espírito eterno, e, se não alcança os fins menos dignos aos quais se dirige, descamba para os desafios mordazes.

E, no caso do Mestre, as observações não partem somente do populacho. Assevera Marcos que os principais dos sacerdotes com os escribas partilhavam dos movimentos insultuosos, como a dizer que intelectualismo não traduz elevação espiritual.

Os manifestantes conservavam-se surdos para a Boa-Nova do reino, cegos para a contemplação dos benefícios recebidos, insensíveis ao toque do amor que Jesus endereçara aos corações.

Pretendiam apenas um espetáculo.

Descesse o Cristo da cruz, num passe de mágica, e todos os problemas de crença inferior estariam resolvidos.

O divino Interpelado, contudo, não lhes deu outra resposta além do silêncio, dando-lhes a entender a magnitude de seu gesto inacessível ao propósito infantil dos inquiridores.

Se és discípulo sincero do Evangelho, não te esqueças de que, ainda hoje, a situação não é muito diversa.

Trabalha, ponderadamente, no serviço da fé.

Une-te ao Senhor, dá quanto puderes em nome dele e prossegue servindo na extensão do bem, convicto de que o vasto mundo inferior apenas te pedirá, maliciosamente, distrações e sinais.

(*Pão nosso*. FEB Editora. Cap. 131)

Mas, ide! Dizei aos seus discípulos e a Pedro que ele vai adiante de vós para a Galileia [...]

Marcos
16:7

Adiante de vós

É raro encontrarmos discípulos decididos à fidelidade sem mescla, nos momentos que a luta supera o âmbito normal.

Comumente, elevando-se a experiência para maiores demonstrações de coragem, valor e fé, modifica-se-lhes o ânimo, de imediato. Converte-se a segurança em indecisão, a alegria em desalento.

Multipliquem-se os obstáculos e surgirá dolorosa incerteza.

Os aprendizes, no entanto, não devem olvidar a sublime promessa do princípio, quando o pastor recompunha o rebanho disperso.

Quando os companheiros, depois da Ressurreição, refletiam no futuro, oscilando entre a dúvida e a perplexidade, eis que o Mensageiro do Mestre lhes endereça aviso salutar, assegurando que o Senhor marcharia adiante dos amigos, para a Galileia, onde aguardaria os amados colaboradores, a fim de assentarem as bases profundas do trabalho evangélico no porvir.

Não nos cabe esquecer que, nas primeiras providências do apostolado divino, Jesus sempre se adiantou aos companheiros nos testemunhos santificantes.

E assim acontece, invariavelmente, no transcurso dos séculos.

O Mestre está sempre fazendo o máximo na obra redentora, contando com o esforço dos cooperadores apenas nas particularidades minúsculas do celeste serviço...

Não vos entregueis às sombras da indecisão quando permanecerdes sozinhos ou quando o trabalho se agrave na estrada comum. Ide, confiantes e otimistas, às provações salutares ou às

Mc
16:7

tarefas dilacerantes que esperam por nosso concurso e ação. Decerto, não seremos quinhoados por facilidades deliciosas, num mundo onde a ignorância ainda estabelece lamentáveis prisões, mas sigamos felizes no encalço das obrigações que nos competem, conscientes de que Jesus, amoroso e previdente, já seguiu adiante de nós...

(*Vinha de luz*. FEB Editora. Cap. 67)

Disse-lhes: Indo ao mundo inteiro, proclamai o Evangelho a toda criatura.

Marcos
16:15

Em torno do porvir

Toda realização nobre demanda preparo criterioso.

O homem, na Terra:

Edifica-se com a instrução para frustrar os perigos da ignorância, seja entrando no conhecimento comum ou garantindo a competência profissional;

Assegura o equilíbrio orgânico com agentes imunológicos, preservando-se contra certas doenças arrasadoras;

Paga tributos compreensíveis e justos a instituições securitárias e assistenciais, a fim de que lhe não falhe o apoio de ordem material nas horas difíceis;

Organiza tarefas vastíssimas na gleba vulgar para que não falte o auxílio da sementeira, tanto a benefício próprio quanto na sustentação da comunidade;

Institui recursos no trânsito, com sinalização especial, de modo a prevenir desastres e definir responsabilidades nas ocorrências infelizes da via pública;

Despende fortunas enormes com o exclusivo propósito de salvaguardar o êxito em determinadas realizações científicas.

Prossigamos, assim, atentos na construção da Doutrina Espírita sobre os princípios de Jesus, porquanto, seja hoje, amanhã, depois de amanhã ou no grande futuro, todas as criaturas da Terra, uma por uma, se aproximarão da escola do amor e da verdade, a fim de encontrarem a felicidade real, não só no campo da inteligência, mas também — e acima de tudo — nos domínios do coração.

(*Ceifa de luz*. FEB Editora. Cap. 18)

Algumas atitudes que o orador espírita deve evitar

Falar sem antes buscar a inspiração dos bons Espíritos pelos recursos da prece.
Desprezar as necessidades dos circunstantes.
Empregar conceitos pejorativos, denotando desrespeito ante a condição dos ouvintes.
Introduzir azedume e reclamações pessoais nas exposições doutrinárias.
Atacar as crenças alheias, conquanto se veja na obrigação de cultivar a fé raciocinada, sem endosso a ritos e preconceitos.
Esquecer as carências e as condições da comunidade a que se dirige.
Censurar levianamente as faltas do povo e desconhecer o impositivo de a elas se referir, quando necessário, a fim de corrigi-las com bondade e entendimento.
Situar-se em plano superior como quem se dirige do alto para baixo.
Adotar teatralidade ou sensacionalismo.
Veicular consolo em bases de mentira ou injúria, em nome da verdade.
Ignorar que os incrédulos ou os adventícios do auditório são irmãos igualmente necessitados de compreensão quais nós mesmos.
Fugir da simplicidade.
Colocar frases brilhantes e inúteis acima da sinceridade e da lógica.
Nunca encontrar tempo para estudar de modo a renovar-se com o objetivo de melhor ajudar aos que ouvem.
Ensinar querendo aplausos e vantagens para si, esquecendo-se do esclarecimento e da caridade que deve aos companheiros.
"Ide e pregai o reino de Deus", conclamou-nos o Cristo. E o Espiritismo, que revive o Evangelho do Senhor, nos ensina como pregar a fim de que a palavra não se faça vazia e a fé não seja vã.

(*Estude e viva*. FEB Editora. Cap. 37 – "Algumas atitudes que o orador espírita deve evitar")

Mc 16:15

[...] quem não crer será condenado.

Marcos
16:16

Não crer

Os que não creem são os que ficam. Para eles, todas as expressões da vida se reduzem a sensações finitas, destinadas à escura voragem da morte.

Os que alçam o coração para a vida mais alta estão salvos. Seus dias de trabalho são degraus de infinita escada de luz. À custa de valoroso esforço e pesada luta, distanciam-se dos semelhantes e, apesar de reconhecerem a própria imperfeição, classificam a paisagem em torno e identificam os caminhos evolutivos. Tomados de bom ânimo, sentem-se na tarefa laboriosa de ascensão à montanha do amor e da sabedoria.

No entanto, os que não creem, limitam os próprios horizontes e nada enxergam senão com os olhos destinados ao sepulcro, adormecidos quanto à reflexão e ao discernimento.

Afirmou Jesus que eles se encontram condenados.

À primeira vista, semelhante declaração parece em desacordo com a magnanimidade do Mestre.

Condenados a que e por quem?

A justiça de Deus conjuga-se à misericórdia e o inferno sem-fim é imagem dogmática.

Todavia, é imperioso reconhecer que quantos não creem na grandeza do próprio destino, sentenciam a si mesmos às mais baixas esferas da vida. Pelo hábito de apenas admitirem o visível, permanecerão beijando o pó, em razão da voluntária incapacidade de acesso aos planos superiores, enquanto os outros caminham para a certeza da vida imortal.

Mc 16:16

A crença é lâmpada amiga, cujo clarão é mantido pelo infinito sol da fé. O vento da negação e da dúvida jamais consegue apagá-la.

A descrença, contudo, só conhece a vida pelas sombras que os seus movimentos projetam e nada entende além da noite e do pântano a que se condena por deliberação própria.

(*Caminho, verdade e vida.* FEB Editora. Cap. 163)

Estes sinais acompanharão os que crerem: expulsarão daimones em meu nome, falarão em novas línguas.

Marcos
16:17

Espiritismo na fé

Permanecem as manifestações da vida espiritual em todos os fundamentos da Revelação divina, nos mais variados círculos da fé.

Espiritismo em si, portanto, deixa de ser novidade, dos tempos que correm, para figurar na raiz de todas as escolas religiosas.

Moisés estabelece contato com o plano espiritual no Sinai.

Jesus é visto pelos discípulos, no Tabor, ladeado por mortos ilustres.

O colégio apostólico relaciona-se com o Espírito do Mestre, após a morte dele, e consolida no mundo o Cristianismo redentor.

Os mártires dos circos abandonam a carne flagelada, contemplando visões sublimes.

Maomé inicia a tarefa religiosa, ouvindo um mensageiro invisível.

Francisco de Assis percebe emissários do Céu que o exortam à renovação da Igreja.

Lutero registra a presença de seres de outro mundo.

Teresa d'Ávila recebe a visita de amigos desencarnados e chega a inspecionar regiões purgatoriais, por meio do fenômeno mediúnico do desdobramento.

Sinais do reino dos Espíritos seguirão os que crerem, afirma o Cristo. Em todas as instituições da fé, há os que gozam, que aproveitam, que calculam, que criticam, que fiscalizam... Esses são, ainda, candidatos à iluminação definitiva e renovadora. Os que creem, contudo, e aceitam as determinações de serviço que fluem do Alto serão seguidos pelas notas reveladoras da imortalidade, onde estiverem. Em nome do Senhor, emitindo vibrações santificantes, expulsarão a treva e a maldade, e serão facilmente conhecidos, entre os homens espantados, porque falarão sempre na linguagem nova do sacrifício e da paz, da renúncia e do amor.

Mc
16:17

(*Pão nosso*. FEB Editora. Cap. 174)

Tabelas de correspondências de versículos

Estas tabelas contêm a relação de todos os comentários, deste volume, cuja vinculação poderia ser feita a mais de um versículo. Isso ocorre, principalmente, nas chamadas passagens paralelas dos evangelhos de Mateus, Marcos e Lucas.

Essa informação é particularmente útil quando o leitor não localizar um comentário sobre um versículo, como, por exemplo, MC 4:21: "Dizia-lhes: Acaso vem a candeia para que seja posta sob o módio ou sob o leito, não para que seja posta sobre o candeeiro?". Embora não haja comentário sobre esse versículo, existe sobre MT 5:15: "nem se acende uma candeia colocando-a debaixo do módio, mas sobre o candeeiro, assim ilumina todos que estão na casa." cujo conteúdo é o mesmo. O comentário *A candeia* pode referir-se tanto a um quanto ao outro, e, para evitar repetições de textos, foi vinculado somente a MT 5:15.

Os comentários cujas vinculações não apresentam dúvidas, por se enquadrarem em um ou mais dos casos a seguir, não constam dessa tabela: 1) o versículo foi destacado na fonte primária; 2) o versículo foi destacado em fonte secundária; 3) o texto do comentário remete a um versículo que ocorre somente uma vez no Novo Testamento.

Para esse segundo volume, incluímos também uma relação dos comentários que, de acordo com a explicação acima, foram inseridos no primeiro volume da coleção, e referem-se a versículos que são paralelos em *Marcos*.

Relação de versículos cujos comentários constam do primeiro volume da coleção

Tabela

Para	Ver
MC 4:21	MT 5:15 comentários: *A candeia, A candeia simbólica, Exposição espírita* e *No combate à ignorância*.
MC 2:17	MT 9:12 comentários: *Em plena marca, Nos quadros da luta* e *Perante os caídos*.
MC 6:11	MT 10:14 comentários: *O pó das sandálias* e *Poeira*.
MC 3:33	MT 12:48 pergunta 305 do livro *O consolador*
MC 4:25	MT 13:12 comentário: *A quem mais tem*
MC 8:34	MT 16:24 comentários: *Apelos e solicitações, Em marcha* e *Evangelização*.
MC 10:25	MT 19:23 comentário: *Ante o reino dos Céus*.
MC 11:23	MT 17:20 comentários: *A semente de mostarda* e *Na sementeira da fé*.
MC 11:24	MT 21:22 pergunta 306 do livro o *Consolador*
MC 12:17	MT 22:21 comentários: *A César o que é de César, Diante de Deus e de César* e *Jesus e César*.
MC 12:30	MT 22:37 comentário: *Na execução da divina lei*.
MC 12:31	MT 22:39 comentários: *O próximo* e *Tempo de regra áurea*.

Tabela de correspondência de versículos do volume 2 da coleção

Comentário	Vinculação adotada	Vinculação alternativa
O reino de Deus está Próximo	MC 1:15	LC 10:11; LC 21:31; MT 4:17; MT 10:7
Doença e remédio	MC 2:17	LC 5:31-32; MT 9:12
Menos e mais	MC 4:25	LC 8:18
Quanto mais	MC 4:25	LC 8:18
Honrar pai e mãe	MC 7:10	MT 15:4
No estudo evangélico	MC 7:10	MT 15:4
Página aos pais	MC 7:10	MT 15:4

Comentário	Vinculação adotada	Vinculação alternativa
Esperança e coragem	MC 8:2	MT 15:32
Siga-me os passos (Prefácio)	MC 8:34	MT 16:24; LC 9:23
Pergunta 310 do livro *O consolador*	MC 9:2	MT 17:1-2; LC 9:28-29
A criança é o futuro	MC 10:14	MT 19:14; LC 18:16
Por amor à criança	MC 10:14	MT 19:14; LC 18:16
Fenômeno e doutrina	MC 10:43	MT 20:26:27
Mais feliz	MC 10:43	MT 20:26:27
O maior	MC 10:43	MT 20:26:27
Alcancemos a luz	MC 11:23	MT 17:20 ; LC 17:6 por aproximação; I CO 13:2
Os minutos de Deus	MC 12:17	MT 22:21; LC 20:25
Diante do próximo	MC 12:31	MT 22:39; LC 10:27: LV 19:18
Pergunta 351 do livro *O consolador*	MC 12:31	MT 22:39; LC 10:27: LV 19:18
Pergunta 320 do livro *O consolador*	MC 14:71	MT 26:69ss; LC 22:54ss
Pergunta 316 do livro *O consolador*	MC 15:21	MT 27:32; LC 23:26
Algumas atitudes que o orador espírita deve evitar	MC 16:15	MT 28:19 por aproximação

Tabela

Relação de comentários por ordem alfabética*

Adiante de vós – MC 16:7
Ajudemos também – MC 6:37
Alcancemos a luz – MC 11:23
Algumas atitudes que o orador espírita deve evitar – MC 16:15
Ante o divino Semeador – MC 4:3
Árvores – MC 8:24
Atentai vós que ouvis – MC 4:24
Bilhete fraterno – MC 9:41
Bordão, O – MC 6:8
Capas – MC 10:50
Com um beijo – MC 14:45
Compaixão e justiça – MC 13:33
Companheiros mudos – MC 10:14
Condição comum – MC 9:24
Confiando – MC 11:22
Convenções – MC 2:27
Coroa, A – MC 15:17
Criança é o futuro, A – MC 10:14
Cristão e o mundo, O – MC 4:28
Cruz e disciplina – MC 15:21
Defesa – MC 13:11
Demonstrações – MC 8:11
Depois... – MC 4:17
Descansar – MC 6:31

Deveres humildes – MC 12:43
Diante do próximo – MC 12:31
Divórcio – MC 10:5
Doença e remédio – MC 2:17
Em nossa marcha – MC 10:51
Em Torno do Porvir – MC 16:15
Entre os cristãos – MC 10:43
Escritores – MC 12:38
Esperança e coragem – MC 8:2
Espiritismo na fé – MC 16:17
Evitando a tentação – MC 14:38
Excesso – MC 8:36
Familiares – MC 3:35
Fé – MC 4:19
Fenômeno e doutrina – MC 10:43
Ganhar – MC 8:36
Honrar pai e mãe – MC 7:10
Honras vãs – MC 7:7
Legião – MC 5:9
Legião do mal – MC 5:9
Levantar e seguir – MC 2:14
Lugar deserto – MC 6:31
Maior, O – MC 10:43
Maiorais – MC 9:35
Mais feliz – MC 10:43

* Os números indicam o capítulo e versículo do *Evangelho de Marcos* onde as mensagens estão inseridas.

Comentários

Mãos estendidas – MC 3:5
Menos e mais – MC 4:25
Multidões – MC 8:2
Mundo e a crença, O – MC 15:32
Na exaltação do trabalho – MC 4:26
Na meditação – MC 6:32
Não Crer – MC 16:16
Não falta – MC 8:3
Não tiranizes – MC 4:33
Não vos enganeis! – MC 13:5
Nas estradas – MC 4:15
No campo social – MC 6:37
No estudo evangélico – MC 7:10
No rumo do amanhã – MC 8:36
No trato com o Invisível – MC 3:23
Nós e César – MC 12:17
Nossa cruz – MC 8:34
Nossas cruzes – MC 8:34
Observação primordial – MC 12:29
Olhai – MC 13:33
Orar e Perdoar – MC 11:25
Oremos agindo – MC 14:38
Os minutos de Deus – MC 12:17
Ouçamos – MC 1:20
Ouçamos, também – MC 7:34
Ouvirás decerto – MC 15:30
Paciência e esperança – MC 4:28–29
Página aos pais – MC 7:10
Paralítico, O – MC 2:4
Passes – MC 5:23
Pequeninos – MC 10:15
Pergunta 303 do livro *O consolador* – MC 3:28–29
Pergunta 310 do livro *O consolador* – MC 9:2
Pergunta 316 do livro *O consolador* – MC 15:21
Pergunta 320 do livro *O consolador* – MC 14:71
Pergunta 351 do livro *O consolador* – MC 12:31
Poderes ocultos – MC 6:56
Por amor à criança – MC 10:14
Pregações – MC 1:38
Protestos verbais – MC 14:31
Quando orardes – MC 11:25
Quanto mais – MC 4:25
Que temos com o Cristo? – MC 1:24
Que tendes? – MC 8:5
Quem serve, prossegue – MC 10:45
Refugia-te em paz – MC 6:31
Reino de Deus está próximo, O – MC 1:15
Salvar-nos, Ao – MC 15:30
Semeadura – MC 4:32
Sempre vivos – MC 12:27
Siga-me os passos (Prefácio) – MC 8:34
Socorro e concurso – MC 8:5
Sublime recomendação – MC 5:19
Tende fé em Deus – MC 11:22
Ter e Manter – MC 4:25
Teste – MC 5:19
Vida estreita – MC 8:35

Índice geral

A

ACEITAÇÃO
  jugo e (MC 15:21)
  palavra e (MC 4:15)
ADMINISTRAÇÃO DESORGANIZADA
  coletividades ociosas e indiferentes e (MC 12:17)
ADVERSÁRIO
  amor ao (MC 15:30)
  entendimento, tolerância e (MC 1:20)
  perseguição do * da luz (MC 3:23)
  Satanás e * da luz (MC 3:23)
AFETIVIDADE
  fonte doce da (MC 14:45)
AFETO
  homem estranho à expressão de (MC 14:45)
AGREMIAÇÃO ESPIRITISTA
  inclinação da (MC 15:17)
AGRESSIVIDADE
  irritação e (MC 4:25)
AGRESSOR
  tolerância e * desconhecido (MC 3:35)
ÁGUA
  larvas de insetos patogênicos e * estagnada (MC 14:38)
ALÉM-TÚMULO
  existência no (MC 12:27)
ALICERCE
  garantia do (MC 12:43)
ALIMENTO
  decomposição do (MC 4:26)
  função do (MC 4:26)
  necessidade da criança e * espiritual (MC 10:14)

  recepção do * espiritual (MC 6:31)
ALMA
  adversário da (MC 4:28)
  aflição e (MC 3:5)
  cultivo dos interesses da (MC 6:31)
  desencanto na (MC 6:31)
  espetáculos de grandeza e (MC 9:41)
  Espiritismo, força educativa da (MC 15:30)
  feridas do corpo e chagas da (MC 10:51)
  imobilidade do corpo e tortura da (MC 6:31)
  Jesus e (MC 8:36)
  Jesus e santuário secreto da (MC 6:31)
  nutrição da (MC 12:38)
  nutrição de ideais inferiores e (MC 12:38)
  objetivos e aspirações da * humana (MC 8:36)
  refúgio no templo da (MC 6:31)
  significado do bordão para nossa (MC 6:9)
  sincera atitude da (MC 11:25)
AMIGO
  reclamação de * severo e fervoroso (MC 4:33)
AMIZADE
  árvore do amor fraterno e (MC 14:45)
AMOR
  acesso à senda de (MC 4:15)
  Jesus e (MC 4:15)
  Jesus e programa de (MC 11:25)
  oferta de (MC 10:14)
  princípios fantasistas de (MC 6:31)
  senda do (MC 4:15)
AMOR PRÓPRIO
  Evangelho e (MC 12:31)
  exercício do (MC 12:31)
AMOR UNIVERSAL
  levantamento da escola e (MC 13:33)

Índice geral

ANGÚSTIA
    perturbações ambientes e (MC 6:32)
    visita do anjo da (MC 4:15)
APÓSTOLO
    competência do (MC 6:37)
    entidades perturbadas e (MC 3:23)
    imposição das mãos e (MC 5:23)
    Jesus, recriminação e (MC 6:37)
    migalhas do (MC 8:5)
    recomendação de Jesus ao (MC 6:37)
APRENDIZ
    consagração do * ao serviço popular (MC 6:37)
    desânimo do (MC 4:28)
    interpretação e (MC 5:9)
    notoriedade e (MC 6:56)
    preocupações de notoriedade e * do Evangelho (MC 6:56)
    revelação de ensinamento ao * vigilante (MC 14:31)
APRIMORAMENTO
    continuidade da luta de (MC 12:27)
ARADO
    ferrugem e * ocioso (MC 4:26)
ARMA
    confusão e * invisível e mortífera (MC 13:5)
    Jesus e * psicológica (MC 13:5)
    perigo da * psicológica (MC 13:5)
ARREPENDIMENTO
    fulguração pessoal e * tardio (MC 8:36)
ÁRVORE
    alma santificada e (MC 8:24)
    erva daninha e (MC 8:24)
    Espírito áspero e (MC 8:24)
    feitios de (MC 8:24)
    homem palavroso e (MC 8:24)
    mensagem da (MC 8:24)
    planta minúscula e (MC 8:24)
    plantio de * benfeitora (MC 9:41)
    tipos de (MC 8:24)
    trepadeira fascinante e (MC 8:24)
ASSISTÊNCIA
    constrangimento ao exercício da (MC 3:35)
ATIVIDADE TERRESTRE
    preocupações inferiores da (MC 2:27)

ATMOSFERA
    fluidos comburentes e (MC 1:15)
    transformação da (MC 1:15)
ATUALIDADE
    criança e (MC 10:14)
    solução dos problemas da (MC 10:14)
AUTO AMOR
    Evangelho e (MC 12:31)
    exercício do bem ao próximo e (MC 12:31)
    iluminação e (MC 12:31)
AZEDUME
    queixa e (MC 4:25)

B

BARTIMEU, CEGO DE JERICÓ
    cura de (MC 10:50)
    resposta de (MC 10:51)
BEIJO
    traição de Judas e (MC 14:45)
BELZEBU
    Jesus, filho de (MC 3:23)
BEM
    aplicação do (MC 5:23)
    convite ao (MC 1:20)
    difícil perseverança no (MC 4:17)
    dilatação das fronteiras do (MC 14:38)
    empenho na execução do (MC 15:30)
    escalada ascensional e (MC 4:32)
    exercício incessante do (MC 1:20)
    extensão do (MC 15:32)
    importância do agir no (MC 8:2)
    interferência do (MC 11:22)
    liberdade e (MC 4:32)
    lides redentoras do (MC 3:5)
    mediunidade, instrumento para a lavoura do (MC 15:30)
    passe e oferecimento do (MC 5:23)
    perseverança no (MC 5:9)
    realização do (MC 6:37)
    renovação e * eterno (MC 4:26)
    renúncia ao (MC 11:22)
    revelação de luz e (MC 11:22)
    semeadura do (MC 4:32)
    serviço na extensão do (MC 15:32)

sintonia com os poderes do (MC 6:37)
trabalho incessante no (MC 4:3), (MC 10:51)
utilidade da dissertação moldada no (MC 1:38)
virtude, educação e * espiritual (MC 8:36)
voz que falará por nós a Deus e (MC 6:56)

BEM-ESTAR PRÓPRIO
chamamento ao (MC 5:19)

BENEFICÊNCIA
egoísmo e (MC 5:9)
entesouramento e (MC 3:35)

BENFEITOR ESPIRITUAL
proposta de serviço ao (MC 6:37)

BEM DIVINO
disseminação do (MC 14:31)

BOA-NOVA
Jesus e apostolado da (MC 5:19)
manifestantes surdos e (MC 15:32)
romanos e (MC 15:17)

BOA VONTADE
felicidade e (MC 8:5)

BONDADE
importância da (MC 4:25)

BORDÃO
discípulos de Jesus e necessidade do (MC 6:9)
homem esclarecido e (MC 6:9)
homem perverso e (MC 6:9)
significado do * para nossa alma (MC 6:9)
significado do * para o discípulo fiel (MC 6:9)
simbologia do (MC 6:9)
utilidade do (MC 6:9)

BRANDURA
cólera e (MC 5:9)

C

CALVÁRIO
poderes de Jesus e (MC 6:56)
reminiscências do (MC 15:21)
suposta derrota no (MC 14:31)
término do serviço de Jesus no (MC 1:24)
túnica inconsútil e (MC 1:38)

CAMINHO DA VIDA
testemunho individual no (MC 10:51)

CAMPO
cultivo dos elementos nobres e (MC 4:26)
fugas e omissões do * de luta (MC 8:34)
tortura do * íntimo (MC 4:19)
transformação do * abandonado (MC 4:26)

CAPA
despimento da * mundana (MC 10:50)
eliminação da * do mundo transitório (MC 10:50)
símbolo da (MC 10:50)

CARIDADE
espinhos e (MC 4:17)
forma de (MC 8:2)
importância da (MC 4:25)
Jesus, Cirineu e (MC 15:21)
missão de (MC 4:17)
obrigação e (MC 15:21)
parentela e (MC 3:35)

CASA
homem, usufrutuário da * de Deus (MC 8:35)
inteligências invisíveis e * sentimental (MC 13:33)
missão da (MC 4:26)

CEGO DE BETHSAIDA
observações do (MC 8:24)

CELESTE SERVIÇO
particularidades minúsculas do (MC 16:7)

CENTELHA DIVINA
aparecimento da (MC 4:15)

CÉSAR
compromissos materiais de (MC 12:17)
Deus e (MC 12:17)
homem e simbologia de (MC 12:17)

CÉU
alimento do * às criaturas (MC 8:3)
ensino de Jesus sobre o dai a * o que é de César (MC 12:17)
concessões do * e mãos vazias (MC 8:5)
pedidos do (MC 9:41)
reclamação dos sinais do (MC 8:11)
Reino de Deus e oferecimento do (MC 1:15)

CHAMAMENTO CELESTE
situação do caminho e (MC 1:20)

Índice geral

Índice geral

CIÊNCIA
  cátedra e (MC 1:38)
  Espiritismo e falsa (MC 1:24)
  homens presunçosos na (MC 9:35)
CIRENEU
  cruz e exemplo do (MC 15:21)
CLAUSURA
  rompimento da (MC 7:34)
CLIMA CELESTIAL
  alcance do (MC 1:15)
CÓLERA
  brandura e (MC 5:9)
COLETIVIDADE
  conforto da (MC 10:15)
COMÉRCIO
  homens exploradores no (MC 9:35)
COMPAIXÃO
  justiça e (MC 13:33)
COMPANHEIRO DA ESTRADA
  ajuda ao (MC 4:17)
COMPREENSÃO
  concórdia e (MC 4:25)
  cultivo e (MC 4:25)
COMPROMISSO
  dívidas novas e (MC 4:25)
  falha no * assumido (MC 10:51)
CONCEPÇÃO DOENTIA
  intelectuais, escritores e (MC 12:38)
CONHECIMENTO
  requisitos para (MC 11:23)
CÔNJUGE
  divórcio e alegação do (MC 10:5)
CONQUISTA
  acúmulo diante da (MC 4:25)
  esforço e (MC 8:34)
CONSANGUINIDADE
  abnegação e (MC 3:35)
  brandura e (MC 3:35)
  equilíbrio e (MC 3:35)
  firmeza e (MC 3:35)
  lealdade e (MC 3:35)
  livro de ações e (MC 3:35)
  paciência e (MC 3:35)
  repetência e (MC 3:35)
  vitória moral e (MC 3:35)
CONSCIÊNCIA
  culpas, desacertos e (MC 5:9)
  manutenção da * tranquila (MC 11:25)
  morte e * denegrida (MC 12:27)
  oração e enfrentamento da (MC 11:25)
  sossego e (MC 3:35)
CONSCIÊNCIA UNIVERSALISTA DE JESUS
  afeição do homem à (MC 8:35)
  despertamento da (MC 3:28-29)
CONSOLAÇÃO
  rogativa de apoio e (MC 10:14)
CONVENÇÃO
  escravidão e (MC 2:27)
  finalidade e (MC 2:27)
  inutilidade e (MC 2:27)
  obediência a Deus e atendimento da (MC 2:27)
  possibilidade de elevação espiritual e (MC 2:27)
  respeito e (MC 2:27)
  sábado e (MC 2:27)
  utilidades e (MC 2:27)
COOPERAÇÃO
  companheiro desconhecido e (MC 1:20)
  ensino de Jesus sobre a (MC 15:21)
  necessidade de nossa (MC 8:5)
CORAÇÃO
  abertura do (MC 7:34)
  cultivo do (MC 4:15)
  divórcio e dureza do * humano (MC 10:5)
  erva tenra da fé retificadora e (MC 4:28)
  fluxo da mensagem divina e (MC 8:35)
  manutenção do * sereno na oração (MC 11:25)
  paralisia do (MC 14:38)
  receptividade e (MC 4:19)
  repouso do * e da mente na prece (MC 6:31)
  simbologia do santuário íntimo do (MC 6:31)
  tormenta no (MC 6:32)
CORAGEM
  esperança e (MC 8:2)
CORPO FÍSICO
  alimentação do (MC 12:38)

homem e transitoriedade do (MC 8:35)
imobilidade do * e tortura da alma (MC 6:31)

CRENÇA
aceitação da (MC 16:17)
ausência de * religiosa e condenação (MC 16:16)
compreensão da (MC 15:32)
conquista da * edificante (MC 4:19)
fé e (MC 16:16)
homens habilitados à * pura (MC 15:32)
insegurança na (MC 9:24)
lâmpada amiga e (MC 16:16)
problemas da (MC 15:32)
resolução dos problemas da * inferior (MC 15:32)
salvação e * religiosa (MC 16:16)
simbologia de * religiosa (MC 16:16)
vida imortal e * religiosa (MC 16:16)

CRENTE
disposição ao ensino e ao conselho e (MC 9:35)
disposição do (MC 9:35)

CRIAÇÃO
vida na (MC 12:27)
vivos na * eterna (MC 12:27)

CRIANÇA
alimento espiritual da (MC 10:14)
bondade, compreensão e (MC 1:20)
companheiro mudo e (MC 10:14)
devolução dos depósitos no Espírito da (MC 10:15)
enfermidade e (MC 9:41)
equilíbrio e (MC 4:24)
idade da razão e (MC 4:24)
importância da (MC 10:15)
importância do amparo à (MC 10:14)
Jesus e (MC 10:14)
lembrança da * na escola (MC 3:35)
oração pela (MC 10:14)
princípios da reencarnação e (MC 10:15)
problemas e (MC 4:24)
renovação e (MC 10:14)
responsabilidade perante a (MC 10:15)
sofrimento da (MC 10:14)
solução dos problemas da atualidade e (MC 10:14)

sublimação espiritual e (MC 4:24)

CRISE
solução da * no mundo (MC 10:14)

CRISTÃO
capitulação diante do mal e (MC 13:5)
deveres do (MC 10:43)
fraternidade e (MC 8:11)
governo estatal e (MC 12:17)
lei do menor esforço e (MC 2:14)
melhoramento e elevação do nível de vida e (MC 8:34)
propósitos sublimes e (MC 4:28)

CRISTIANISMO
apóstolos da luz do (MC 7:7)
consolidação do * redentor (MC 16:17)
defensores do (MC 7:7)
Espíritos dominantes no (MC 9:35)
honras vãs e (MC 7:7)
lições do (MC 7:7)
príncipes, clérigos, administradores e (MC 7:7)
recordações da cruz e (MC 15:21)
separatismo, destruição e (MC 7:7)

CRISTO
concentração no (MC 6:32)
impedimento na aproximação do (MC 2:4)
problemas do aprendiz do (MC 5:19)

CRÍTICA
vinagre da * acerba (MC 12:17)

CRUZ
asas espirituais e (MC 15:21)
caminheiros da evolução ou da redenção e (MC 8:34)
combate às recordações da (MC 15:21)
comentários em derredor da * de Jesus (MC 15:21)
descobrimento da própria (MC 8:34)
exemplo do Cireneu e (MC 15:21)
negar a si mesmo e * de redenção (MC 15:21)
recordações da * do Cristo (MC 15:21)
sacrifício, elevação e * do Cristo (MC 15:21)
significado da * no círculo carnal (MC 8:34)
significado da * no plano espiritual (MC 8:34)
simbologia da* do Cristo (MC 15:21)
sublimidade da (MC 15:21)

Índice geral

Índice geral

CULPA
   carência do homem isento de (MC 11:25)
CULTO EXTERIOR
   cerimônias do * (MC 9:24)
   filiação ao Evangelho e * exterior (MC 2:14)

D

DECADÊNCIA INTELECTUAL
   modelos de (MC 12:38)
DEFESA DESNECESSÁRIA
   tempo gasto em (MC 13:11)
DEMONSTRAÇÃO CELESTE
   propósitos inferiores e (MC 8:11)
   requisição de * exótica (MC 8:11)
DESCANSO
   excesso e (MC 6:31)
DESCRENÇA
   conhecimento da vida e (MC 16:16)
DESDOBRAMENTO
   Teresa d'Ávila e (MC 16:17)
DESENCARNAÇÃO
   significado da palavra (MC 12:27)
DESENCARNADO
   aprimoramento do (MC 12:27)
DESEQUILÍBRIO
   postura ante o (MC 2:17)
DESÍGNIO DIVINO
   acatamento ao (MC 5:9)
DESTAQUE
   ilusão do (MC 15:30)
   problema do * pessoal (MC 10:43)
DESTINO
   descrença do próprio (MC 16:16)
DEUS
   aparecimento de porta e (MC 11:22)
   atributos de (MC 12:29)
   auto amor e (MC 12:31)
   bem, voz que falará por nós a (MC 6:56)
   César e (MC 12:17)
   compreensão de (MC 10:43)
   descrentes da paternidade de (MC 8:3)
   humanidade e lavoura de (MC 4:3)
   lei de * e o mal (MC 2:17)
   misericórdia e justiça de (MC 13:33), (MC 16:16)
   recordação de (MC 10:43)
   surgimento de remédio e (MC 11:22)
   tempo dedicado a (MC 12:17)
   vigilância do Lar infinito e (MC 6:9)
   vivos imortais e (MC 12:27)
DEVER
   consciência tranquila e (MC 13:11)
   cumprimento do (MC 1:15)
   fuga do (MC 6:31)
   importância do cumprimento do (MC 4:25)
DIFICULDADE
   transposição e (MC 4:26)
DILIGÊNCIA
   importância da (MC 4:25)
DIREITO
   importância do (MC 4:25)
DISCIPLINA
   iluminação espiritual e (MC 15:21)
DISCÍPULO
   audácia do * novo (MC 5:23)
   necessidade de bordão e * de Jesus (MC 6:9)
   protestos de fidelidade e devotamento e (MC 14:31)
DIVÓRCIO
   adiamento de resgate de débito e (MC 10:5)
   alegação do cônjuge e (MC 10:5)
   dureza dos corações humanos e (MC 10:5)
   efeitos perniciosos e (MC 10:5)
   insaciabilidade criminosa e (MC 10:5)
   maldade e (MC 10:5)
   Moisés e (MC 10:5)
DOENÇA
   misericórdia divina e (MC 2:17)
DOENTE
   amparo ao* na rua (MC 3:35)
DOUTRINA ESPÍRITA
   construção da (MC 16:15)
   escola do amor, verdade e (MC 16:15)
   felicidade real e (MC 16:15)
   intelecto, moralidade e (MC 16:15)
   mediunidade e (MC 10:43)

E

EDUCAÇÃO
   consulta ao passado e (MC 10:15)

criança e (MC 10:14)
forma de desenvolvimento da (MC 10:15)
importância da (MC 10:15)

EGOÍSMO
beneficência e (MC 5:9)
cristalização no (MC 10:45)
culto ao (MC 8:36)
esquecimento e (MC 8:34)
excesso e cárcere do (MC 8:36)
lamentáveis reclamações e (MC 7:34)

EGOLATRIA
amor próprio e (MC 12:31)

ELEVAÇÃO ESPIRITUAL
aquisição de um título à (MC 4:28)
convenções e possibilidades de (MC 2:27)
intelectualismo e (MC 15:32)
trabalho e (MC 10:45)

EMBARAÇO
redução do (MC 10:45)

ENDEMONINHADO
cura e (MC 5:19)
Jesus e (MC 5:19)
legião e (MC 5:19)
Mateus, apóstolo, e (MC 5:19)

ENERGIA
restauração da (MC 3:5)

ENFERMO
assistência, carinho e (MC 1:20)

ENGANO
vítimas de (MC 4:24)

ENSINAMENTO
difusão do * evangélico (MC 4:33)
pregadores rigorosos e * evangélico (MC 4:33)

ENTENDIMENTO
importância do (MC 4:25)
visão com (MC 13:33)

ENTIDADE ESPIRITUAL
desequilíbrio da (MC 16:17)

ENTIDADE PERTURBADA
apóstolos e (MC 3:23)

ENTUSIASMO
improviso de (MC 9:41)

EQUILÍBRIO
harmonia com superiores e (MC 12:17)
relações afetivas e (MC 13:33)
agentes imunológicos e * orgânico (MC 16:15)

ERRO
ignorância e (MC 3:28-29)

ESCADA DE LUZ
dias de trabalho e (MC 16:16)

ESCÂNDALO
acusações recíprocas e (MC 9:24)
dificuldades do (MC 9:24)

ESCÁRNIO
provocação através do (MC 13:11)

ESCOLA
amor universal e levantamento da (MC 13:33)
apóstolos e * cristã (MC 9:35)
Espiritismo, raiz da * religiosa (MC 16:17)
lembrança da criança na (MC 3:35)

ESCRIBA
interpelação do (MC 12:29)
Jesus e (MC 12:38)

ESCRITOR EXCÊNTRICO
envenenamento dos Espíritos e (MC 12:38)

ESFORÇO
importância do (MC 4:25)
limitação do * humano (MC 6:31)
migalhas de * próprio (MC 8:5)
respeito ao * alheio (MC 4:25)

ESPERANÇA
coragem e (MC 8:2)
fé e (MC 8:2)

ESPIRITISMO
aprendizes do Evangelho e (MC 8:11)
auxílio aos desencarnados infelizes e (MC 3:23)
ensinamento de Jesus e (MC 4:25)
escola do amor e da verdade e (MC 16:15)
escola religiosa e (MC 16:17)
Espírito perverso e (MC 1:24)
falsa ciência e (MC 1:24)
fé e (MC 16:17)
força educativa da alma e (MC 15:30)
imposição das mãos e (MC 5:23)
mediunidade e (MC 8:11)

Índice geral

Índice geral

obsessão e (MC 16:17)
palavras de Jesus e (MC 8:34)
raiz das escolas religiosas e (MC 16:17)
sombras das aflições e (MC 15:30)
tarefa do (MC 3:23)

ESPIRITISTA
fantasmas de laboratório e (MC 12:27)

ESPÍRITO
círculo vicioso e (MC 4:32)
conquista da glória eterna do (MC 8:36)
cura do * imundo (MC 16:17)
débitos escabrosos e (MC 4:32)
enriquecimento do próprio (MC 8:36)
morte no pecado e (MC 4:32)
planejamento, realização e * em evolução (MC 4:25)
recapitulações do (MC 4:32)
resposta do (MC 5:9)

ESPÍRITO DE SERVIÇO
necessidade do (MC 5:9)

ESPÍRITO DESENCARNADO
luta de aprimoramento e (MC 12:27)
mago, fantasma e (MC 12:27)
progresso, resgate e (MC 8:34)

ESPÍRITO ENCARNADO
progresso, resgate e (MC 8:34)
sinais de Júpiter e (MC 8:11)

ESPÍRITO INFANTIL
incerteza de (MC 9:24)
responsabilidade e (MC 9:24)

ESPÍRITO MALÉFICO
ambição, egoísmo e (MC 1:24)
discórdia, tirania e (MC 1:24)
domínio do (MC 1:24)
orgulho, vaidade, dogmatismo e (MC 1:24)
tentativas do* de repelir Jesus (MC 1:24)

ESPÍRITO PERVERSO
Espiritismo e (MC 1:24)
influência do (MC 1:24)
Jesus e (MC 1:24), (MC 5:9)
obsessão e (MC 1:24)

ESPIRITUALIDADE
floração da * superior (MC 11:25)
movimentação e ajuda dos obreiros da (MC 6:37)

ESPIRITUALIZAÇÃO
necessidade da (MC 12:17)

ESTUDO
aprimoramento do Espírito e (MC 13:33)

EVANGELHO
amor próprio e (MC 12:31)
aprendiz do * e verdadeiro discipulado (MC 10:45)
auto amor e (MC 12:31)
coroa dos triunfos mundanos e discípulos do (MC 15:17)
culto externo e filiação ao (MC 2:14)
desvelo do aprendiz do (MC 10:45)
Deus dos vivos imortais e (MC 12:27)
dever do aprendiz do (MC 6:37)
dificuldade de aceitação do (MC 12:29)
discípulo do (MC 1:20)
discípulo do * e Humanidade (MC 1:20)
discípulo do * e santuário da fé (MC 1:20)
discípulos do * e noite de ilusões terrestres (MC 2:14)
Espiritismo e aprendizes do (MC 8:11)
fenomenologia psíquica e aprendizes do (MC 8:11)
grau de invigilância dos discípulos do (MC 15:17)
importância relativa do milagre no (MC 10:43)
legado do * Renovador (MC 10:14)
lição do (MC 4:19)
obrigações do aprendiz do (MC 12:17)
recordações das palavras textuais do (MC 6:31)
sacrifício, sofrimento e aprendiz do (MC 12:17)
significado das expressões do (MC 9:2)
trabalho redentor e (MC 15:30)
triunfo do * redentor de Jesus (MC 1:24)
vantagens na experiência material e (MC 15:30)

EVOLUÇÃO
esforço e (MC 8:3)
espírito de serviço e (MC 10:45)

EXCELSO DESÍGNIO
adaptação ao (MC 11:25)

EXISTÊNCIA TERRESTRE
   vulgaridade e inutilidade da (MC 4:28)

EXPERIÊNCIA
   automatismos da * material (MC 11:25)
   lições vivas e (MC 4:24)

F

FALÊNCIA
   origem da (MC 13:5)

FALTA ALHEIA
   consequência do suporte da (MC 4:25)

FAMÍLIA
   admissão definitiva na * maior (MC 3:35)
   dever para com a (MC 7:10)

FARISEU
   Marco, apóstolo, e (MC 8:11)
   repetição do gesto do * antigo (MC 8:11)

FÉ
   afirmação de Jesus sobre a (MC 11:23)
   ajuda para a falta de (MC 9:24)
   árvore da * viva (MC 4:19)
   burilamento espiritual e (MC 15:30)
   caminho de dor e (MC 15:30)
   casa de * religiosa (MC 3:5)
   civilização e (MC 11:22)
   coletividade sem o socorro da (MC 8:3)
   conforto imediatista da carne e (MC 15:30)
   coração e erva tenra da * retificadora (MC 4:28)
   coração valoroso na (MC 6:32)
   crescimento da (MC 4:19)
   discípulo do Evangelho e santuário da (MC 1:20)
   ensinamento do Cristo e (MC 11:22)
   escassez de (MC 9:24)
   esperança e (MC 8:2)
   Espíritos privilegiados e (MC 4:19)
   falência da (MC 4:17)
   falta de (MC 9:24)
   importância da (MC 4:25)
   mãos estendidas e (MC 3:5)
   prática da (MC 11:22)
   princípio da (MC 10:43)
   princípio de (MC 10:43)
   proteção divina e (MC 4:3)
   renovação e (MC 11:23)
   renúncia e (MC 11:23)
   serviço e (MC 15:32)
   sugestões edificantes e (MC 4:24)
   súplica e (MC 3:5)
   surgimento da (MC 4:28)
   testemunho da própria (MC 6:37)
   trabalho no bem e (MC 4:3)
   trabalho no serviço da (MC 15:32)
   transferência da (MC 4:19)
   transferência da vibração da (MC 4:19)

FELICIDADE
   boa vontade e (MC 8:5)
   busca da (MC 12:17)
   busca da * com Jesus (MC 10:43)
   conquista da (MC 10:43)
   dificuldade para alcançar a * na Terra (MC 10:43)
   edificação da própria (MC 11:22)
   esforço próprio e (MC 8:5)
   frutificação da verdadeira (MC 4:3)
   Jesus e edificação do santuário da (MC 8:5)
   pessoa que atingiu a (MC 10:43)
   princípios fantasistas de (MC 6:31)
   sacrifício pela * alheia (MC 5:9)
   segurança e (MC 3:35)

FENÔMENO MEDIÚNICO
   doutrina espírita e (MC 10:43)
   importância relativa do (MC 10:43)

FENOMENOLOGIA PSÍQUICA
   aprendizes do Evangelho e (MC 8:11)

FERIDA DO CORPO
   chagas da alma e (MC 10:51)

FIDELIDADE
   discípulos decididos e (MC 16:7)

FILOSOFIA
   sofistas do pensamento e (MC 9:35)

FINANÇA
   homens associados das sombras e (MC 9:35)

FLAGELO
   acautelamento contra o (MC 10:15)
   imperativo de nova luta e (MC 1:15)

FÓRMULA EXTERIOR
   importância da (MC 5:23)

Índice geral

Índice geral

FRAGILIDADE
    dimensão da * da alma humana (MC 14:71)

FRANCISCO DE ASSIS
    emissários do Céu e (MC 16:17)
    renovação da igreja e (MC 16:17)

FRASE AMIGA
    consolo ao irmão infortunado e (MC 9:41)

FRATERNIDADE
    amor, serviço e (MC 9:41)
    auxílio ao próximo e (MC 4:25)
    cristão e (MC 8:11)
    ministério da (MC 8:11)
    traços sublimes da criatura e (MC 14:45)

FRUSTRAÇÃO
    tormentos e (MC 8:36)

FULGURAÇÃO PESSOAL
    arrependimento tardio e (MC 8:36)

FUTURO
    educação da criança e (MC 10:15)
    dúvida, perplexidade e reflexão no (MC 16:7)

G

GOVERNO
    ajuda com trabalho eficiente e * humano (MC 12:17)
    César e * estatal (MC 12:17)
    cooperação e * humano (MC 12:17)
    cristão e * estatal (MC 12:17)
    desatenção, revolta e * humano (MC 12:17)
    oferta de trabalho e * humano (MC 12:17)

H

HIGIENE
    regras e meios para (MC 13:33)

HOMEM
    ajuntamento abusivo e (MC 8:36)
    alimentação espiritual e (MC 8:3)
    atitude mental e (MC 8:35)
    caprichos criminosos e (MC 8:35)
    conquista do mundo e (MC 8:36)
    conquista para esfera elevada e (MC 8:36)
    conquistas do (MC 8:36)
    Consciência Universalista de Jesus e (MC 8:35)
    construções indesejáveis e (MC 8:35)
    contribuição pessoal e (MC 4:32)
    edificação do planeta e (MC 2:27)
    esclarecimento do (MC 8:11)
    expressão de afeto e (MC 14:45)
    fé na escola e (MC 11:22)
    fé nas descobertas e nas observações e (MC 11:22)
    fé nas ondas eletromagnéticas e (MC 11:22)
    fé no motor e (MC 11:22)
    fé nos processos imunológicos e (MC 11:22)
    grito de ironia do * malicioso (MC 15:30)
    ilusões venenosas e (MC 8:35)
    influência de César e (MC 12:17)
    mercados inferiores e (MC 8:35)
    multidão e entendimento do (MC 4:28)
    regulamentos do mundo e (MC 4:32)
    semente nutritiva e (MC 12:43)
    seres ignorantes e grosseiros e * espiritual (MC 8:24)
    simbologia e * da multidão (MC 9:24)
    transitoriedade do corpo físico e (MC 8:35)
    usufrutuário na Casa de Deus e (MC 8:35)
    vaivém do caminho e (MC 6:31)
    vitória na luta enobrecedora e (MC 8:36)
    vulgaridades, inutilidades e (MC 4:28)

HONRAR PAI E MÃE
    ensino de Jesus (MC 7:10)
    importância do (MC 10:43)
    Jesus e o mandamento de (MC 7:10)
    significado do (MC 7:10)

HORIZONTE
    limitação do próprio (MC 16:16)

HUMANIDADE
    criança e futuro da (MC 10:14)
    dever para com a (MC 7:10)
    discípulo do Evangelho e (MC 1:20)
    esclarecimento, paz e (MC 6:37)
    família e (MC 1:20)
    família maior e (MC 5:19)
    homem da multidão e * terrestre (MC 9:24)
    lavoura de Deus e (MC 4:3)

HUMILDADE
    consequência da (MC 4:25)
    demonstrações de * e serviço (MC 3:35)

I

IGNORÂNCIA
    chaga da (MC 2:17)
    lamentáveis prisões e (MC 16:7)

IGNORANTE
  socorro, ensinamento e (MC 1:20)
IGREJA CATÓLICA ROMANA
  céu e inferno artificiais e (MC 12:27)
IGREJA DO CRISTIANISMO
  força política da (MC 15:17)
  grandes espetáculos e (MC 15:17)
IGREJA EVANGÉLICA PROTESTANTE
  ressurreição do corpo e (MC 12:27)
ILUMINAÇÃO
  auto amor e (MC 12:31)
  candidatos a * definitiva e renovadora (MC 16:17)
  candidatos a * interior (MC 16:17)
  imperativos da * interior (MC 4:33)
  imposto devido e * espiritual (MC 4:17)
ILUSÃO
  consequência do abandono da (MC 4:25)
IMATURIDADE
  Espíritos infantis e (MC 9:24)
IMORTALIDADE
  notas reveladoras da (MC 16:17)
  poder divino e (MC 4:3)
IMPOSIÇÃO DE MÃOS VER PASSE
INCERTEZA
  multiplicação dos obstáculos e (MC 16:7)
INCOMPREENSÃO
  assédio da * e do escárnio (MC 15:30)
INDECISÃO
  sombras da (MC 16:7)
INÉRCIA
  recolhimento à (MC 6:31)
INFÂNCIA
  abandono da (MC 10:15)
  garantia do mundo ingênuo da (MC 10:15)
INFELICIDADE
  causa da * na Terra (MC 10:43)
INSEGURANÇA ESPIRITUAL
  movimento de (MC 9:24)
INSENSATO
  satisfação do (MC 8:11)
INSTRUÇÃO
  perigos da ignorância e (MC 16:15)

INSULTO
  pensamento de ódio e destruição e (MC 13:11)
INTELECTUALIDADE
  insensibilidade e (MC 15:32)
INTELIGÊNCIA
  desvios da (MC 12:38)
INUTILIDADE
  convenções e (MC 2:27)
INVIGILÂNCIA
  grau de * dos discípulos do Evangelho (MC 15:17)
  Pedro e o ensino sobre (MC 14:71)
ISOLAMENTO
  consequência do (MC 6:31)

J

JESUS
  advertência sublime de (MC 7:34)
  aguardando a vinda de (MC 1:15)
  alimentação do espírito dos tutelados e (MC 8:3)
  alma e (MC 8:36)
  alusão à Vida universal e (MC 8:35)
  amor e (MC 4:15) (MC 8:3)
  André na companhia de (MC 2:14)
  anúncio dos benefícios de (MC 5:19)
  apostolado das Boas-Novas e (MC 5:19)
  apostolado de (MC 6:31)
  apóstolos, multidão e ensino de (MC 4:33)
  apóstolos, recriminação e (MC 6:37)
  aproximação de (MC 10:50)
  arma psicológica e (MC 13:5)
  aspirante ao título de discípulo de (MC 4:28)
  auxílio de Simão, o cirineu, e (MC 15:21)
  bondade e (MC 8:3)
  Calvário e poderes de (MC 6:56)
  caminho permanente e (MC 4:15)
  cego de Jericó e (MC 10:51)
  cenáculo de (MC 14:31)
  chamamento celeste e (MC 1:20)
  ciência da vida abundante e (MC 8:11)
  compreensão do sacrifício de (MC 15:30)
  comunhão com (MC 10:43)
  concentração na companhia de (MC 6:32)
  condições para encontro com (MC 8:34)

Índice geral

Índice geral

confiança em (MC 15:30)
confiança nos ensinamentos de (MC 11:22)
conversação de (MC 4:33)
convite de (MC 6:31)
coragem de seguir (MC 8:34)
coroa da vida e (MC 15:17)
coroa de espinhos e (MC 15:17)
criança e (MC 10:14)
crucificação e (MC 15:21)
cura dos doentes e (MC 6:56)
cura dos paralíticos e (MC 2:14)
declaração enérgica de princípios e (MC 12:29)
desequilíbrios da natureza e (MC 5:23)
desprezo à lição de (MC 5:23)
dificuldades para gozar a presença de (MC 2:4)
discípulo e união com (MC 4:33)
distintivo dos discípulos de (MC 15:17)
dons de vida abundante e (MC 8:5)
edificação do santuário da felicidade e (MC 8:5)
encontro de * com os discípulos (MC 1:20)
endemoninhado e (MC 5:19)
ensino de * para o orador espírita (MC 16:15)
ensino de * sobre a fé (MC 11:23) escolas religiosas e (MC 8:3)
escribas e (MC 12:38)
escritores excêntricos e (MC 12:38)
esmorecimento diante de (MC 4:3)
espera pela visita pessoal de (MC 2:14)
Espiritismo e ensinamento de (MC 4:25)
Espírito perturbado e delinquente e (MC 5:9)
Espírito perverso e (MC 5:9)
Espíritos maléficos e (MC 1:24)
Evangelho e (MC 16:15)
exortação de * à multidão (MC 6:31)
exortação de * ao obsidiado (MC 5:19)
extensão do serviço providencial de (MC 5:23)
falsas aparências diante de (MC 10:50)
fardos e convívio com (MC 8:34)
fé e (MC 11:22)
fé nas lições de (MC 11:22)
feiticeiro e (MC 3:23)
filho de Belzebu e (MC 3:23)
filho do homem e (MC 10:45)
gloriosas jornadas diárias de (MC 15:21)
grandeza oculta do ensinamento de (MC 8:35)
honras vãs e (MC 7:7)
humildade e (MC 10:43)
imortal ensinamento de (MC 5:9)
importância da exortação de (MC 6:31)
imposição das mãos e (MC 5:23)
inauguração de uma nova época e (MC 10:43)
incompreensão, isolamento e (MC 4:3)
indagação de * à frente da multidão (MC 8:5)
indução à vigilância e (MC 13:5)
intelectuais ambiciosos e (MC 12:38)
interesse nos benefícios de (MC 2:4)
Lázaro e chamamento de (MC 2:14)
legião dos erros diante de (MC 5:9)
Legião e (MC 5:9)
lição aos discípulos e (MC 5:9)
lição de * nas horas derradeiras (MC 14:45)
lições de (MC 5:9)
maior lição de (MC 10:43)
mandamento de honrar pai e mãe e (MC 7:10)
Marcos, apóstolo, e (MC 16:7)
martírio e (MC 10:43)
materialização do socorro e (MC 8:5)
Mateus na companhia de (MC 2:14)
meditação na lição de (MC 10:5)
mensagens de vida eterna e (MC 5:19)
milagre e ensino de (MC 10:43)
milagre da manifestação de (MC 8:5)
ministério religioso e (MC 1:20)
multidão e (MC 8:2)
multiplicação dos pães e (MC 8:2)
mundo externo e ensinamento de (MC 6:31)
necessidade de (MC 2:4)
negativa lembrança de * na crucificação (MC 15:21)
nossas cruzes e encontro com (MC 8:34)
obrigações e (MC 4:3)
oferta de coração valoroso e (MC 6:32)
palavra de * ao surdo e gago (MC 7:34)
palavras de (MC 1:15)
palavras, testemunhos vivos e (MC 1:38)
papel de * perante o doente (MC 2:17)
parábola do semeador e (MC 4:3)

parábolas de (MC 9:41)
paralítico e socorro de (MC 3:5)
paz digna e laboriosa e (MC 13:5)
peregrinações de Paulo de Tarso e (MC 2:14)
pergunta de * ao cego de Jericó (MC 10:51)
pergunta de * diante da multidão (MC 8:5)
persuasão e (MC 4:24)
poder de cura de (MC 2:17),(MC 5:23)
precaução de (MC 8:5)
pregação da verdade e (MC 1:38)
pregação e (MC 1:38)
preocupação de (MC 8:3)
preocupação de * pela multidão (MC 8:3)
primeiro mandamento e (MC 12:29)
problema do aprendiz de (MC 5:19)
proclamação de * à humanidade (MC 12:29)
programa de amor e (MC 11:25)
recomendação de (MC 8:36)
recomendação de * aos apóstolos (MC 6:9), (MC 6:37)
reconstituição das forças de (MC 6:31)
recordação dos ensinamentos de (MC 13:5)
recriminações do sacerdócio organizado e (MC 3:23)
referência de * à Sua Vida (MC 8:35)
renovação de si mesmo em (MC 5:19)
reparação e misericórdia de (MC 10:51)
réplica de (MC 12:29)
repouso, oração e aconselhamento de (MC 6:31)
resposta materializada e (MC 3:5)
restauração da harmonia e (MC 5:23)
rogativa de acesso à presença de (MC 10:51)
roteiro santificador e (MC 4:15)
sacrifício da vida e (MC 1:38)
santuário secreto da alma e (MC 6:31)
selvagens e postos de assistência de (MC 8:3)
Semeador da Terra e (MC 4:3)
semeadura e (MC 4:32)
serviço da multiplicação e (MC 8:5)
servidores cristãos e (MC 4:33)
significação dos atos de (MC 5:23)
símbolo da transfiguração de (MC 9:2)
símbolos vivos da natureza e (MC 4:28)
sinal da passagem de (MC 2:14)
sinceridade na aproximação de (MC 10:50)
supremacia do poder e conhecimento de (MC 5:23)
sustentação da unidade divina e (MC 12:29)
tentações e (MC 8:11)
término do serviço de * no calvário (MC 1:24)
testemunhos santificantes e (MC 16:7)
Tiago na companhia de (MC 2:14)
tiranos doutrinários e (MC 4:33)
trabalho de (MC 13:5)
trabalho demonstrativo de (MC 8:11)
trabalho e (MC 5:19)
trabalho e auxílio de (MC 10:51)
trabalho evangélico e (MC 16:7)
transfiguração no monte Tabor e (MC 16:17)
transporte do madeiro e (MC 8:34)
triunfo do Evangelho redentor de (MC 1:24)
túnica inconsútil e (MC 1:38)
unidade divina e (MC 12:29)
unidade substancial e (MC 12:29)
vida com (MC 8:34)

Jornada humana
  sombras, aflições e (MC 9:41)

Judas
  beijo e traição de (MC 14:45)
  Jesus e lição de (MC 14:45)
  veneno amargo e (MC 14:45)

Jugo
  aceitação do (MC 15:21)

Júpiter
  Espírito encarnado e sinais de (MC 8:11)

Justiça
  misericórdia e * de Deus (MC 16:16)
  princípios fantasistas de (MC 6:31)

L

Lar
  aprovação no (MC 5:19)
  importância dada por Jesus ao (MC 7:10)

Legião
  Marcos, apóstolo, e (MC 5:9)
  significado do termo (MC 5:9)
  simbolismo de (MC 5:9)

Legislação trabalhista
  redução da atividade das mãos e (MC 6:31)

Índice geral

Índice geral

Lei
   erro na (MC 12:17)
   expressão da (MC 4:24)

Lei de Deus
   cego de Jericó e (MC 10:51)
   semeadura e (MC 4:32)

Lei do Amor
   sustentáculo do universo e (MC 15:30)

Leviandade
   promessas mirabolantes e (MC 14:31)

Liberdade
   bem e (MC 4:32)

Libertação
   busca de Deus e (MC 12:17)

Lição
   expressividade da (MC 3:5)
   testemunho da (MC 1:20)

Linguagem
   culto à * nobre (MC 10:14)

Livro
   abertura do * edificante (MC 7:34)
   função útil do (MC 12:38)
   utilidade do (MC 12:38)

Loucura
   apego ao supérfluo e (MC 8:36)

Lugar comum
   retirada do (MC 6:32)

Lutero
   seres de outro mundo e (MC 16:17)

Luz celestial
   sementes da (MC 4:15)

Luz da vida
   verbo e (MC 10:14)

M

Mãe
   apelo à * pelas crianças alheias (MC 10:14)
   deveres dos filho diante da (MC 7:10)

Madeiro
   exame do * imaginário (MC 15:21)
   simbologia do instante do (MC 15:21)
   zombeteiros, irônicos e * de sacrifício (MC 15:30)

Mal
   capitulação diante do (MC 13:5)
   consciência denegrida no (MC 12:27)
   dilatação da corrente do (MC 11:25)
   enraizamento do (MC 4:32)
   estagnação e (MC 4:32)
   facilidade no (MC 4:17)
   golpes do (MC 5:9)
   legião ameaçadora e (MC 5:9)
   Lei de Deus e (MC 2:17)
   luta permanente e (MC 13:5)
   morte e caminhos do (MC 12:27)
   paixões ingratas e (MC 4:32)
   provocações do (MC 15:30)
   semeadura do (MC 4:32)

Maldade
   incêndio da (MC 9:41)

Malfeitor
   acusação e (MC 13:11)

Mandamento
   honrar pai e mãe e (MC 7:10)

Manutenção
   preocupação com o problema da própria (MC 8:36)

Mão seca
   paralítico e cura da (MC 3:5)

Maomé
   mensageiro invisível e (MC 16:17)

Marcos, apóstolo
   aviso de (MC 16:7)
   coroa de espinhos e (MC 15:17)
   fariseus e (MC 8:11)
   imperativo colocado por (MC 13:33)
   importância da nota do (MC 6:9)
   Jesus e (MC 16:7)
   legião e (MC 5:9)
   multiplicação dos pães e (MC 8:5)
   observação interessante de (MC 6:9)
   paralítico, O, e (MC 2:4)
   passes e (MC 5:23)
   Satanás e (MC 3:23)
   servo de todos e (MC 9:35)
   Simão Pedro e (MC 6:9)
   vigilância e (MC 13:33)

MATEUS, APÓSTOLO
  endemoninhado e (MC 5:19)
MATERIALIDADE
  importância de abandonar a (MC 9:2)
MAUSOLÉU
  amontoamento de ouro e (MC 8:36)
MEDICAMENTO
  recusa do (MC 13:33)
MEDITAÇÃO
  sentimentos e (MC 6:32)
  tempo para (MC 2:4)
MÉDIUM
  alívio das amarguras e (MC 15:30)
  Espírito protetor e (MC 15:30)
  propósitos inferiores e (MC 8:11)
MEDIUNIDADE
  doutrina espírita e (MC 10:43)
  Espiritismo e (MC 8:11)
  fariseus e (MC 8:11)
  instrumento para a lavoura do bem e (MC 15:30)
MENSAGEIRO DO CRISTO
  intervenções sobrenaturais e (MC 2:14)
MENSAGEM DIVINA
  fluxo da * para nossos corações (MC 8:35)
MENTALIDADE MILAGREIRA
  superfície dos sentidos e (MC 15:32)
MENTE
  movimentação da * que ora (MC 11:25)
  repouso da * e do coração na oração (MC 6:31)
  sede de paz e (MC 6:32)
MENTIRA
  excesso e cárcere da (MC 8:36)
  inimigo da humanidade e (MC 13:5)
  verdade e (MC 5:9)
MERCADO DE IDEIAS
  artigos deteriorados e (MC 12:38)
MESSIAS
  padrão habitual e (MC 15:30)
MESTRE
  calvário do (MC 6:56)
MILAGRE
  importância relativa do (MC 10:43)
  superficialidade do (MC 15:32)

MINISTÉRIO RELIGIOSO
  apelo de Jesus e (MC 1:20)
MISERICÓRDIA
  homens descrentes e (MC 8:3)
  justiça de Deus e (MC 16:16)
MISERICÓRDIA DIVINA
  tratamento das doenças pela (MC 2:17)
MISSÃO
  desmoralização da * de ensinar (MC 1:38)
MISTIFICADOR
  acusação e (MC 13:11)
MOISÉS
  contato com o plano espiritual e (MC 16:17)
MONTANHA
  símbolo do transporte da (MC 11:23)
  tipos de (MC 11:23)
MORTE
  caminhos do mal e (MC 12:27)
  despertamento além da (MC 8:36)
  entendimento da palavra (MC 12:27)
  gênero temível de (MC 12:27)
  significado da (MC 12:27)
MULHER
  papel da * no apoio à infância (MC 10:14)
MULTIDÃO
  amigo divino e (MC 8:2)
  entendimento do homem e (MC 4:28)
  Espírito educado e (MC 8:2)
  fome de luz e de harmonia e (MC 6:37)
  fome do corpo e (MC 6:37)
  impostos pesados e (MC 8:2)
  indagação de Jesus à frente da (MC 8:5)
  indução à recriminação da (MC 6:37)
  Jesus e (MC 8:2)
  leis e (MC 8:2)
  mordomo das possibilidades terrestres e (MC 8:2)
  preocupação de Jesus pela (MC 8:3)
  recomendação de Jesus diante da (MC 6:37)
  sacerdócio e (MC 8:2)
  sustento da (MC 6:37)
MULTIPLICAÇÃO DOS PÃES
  cooperação e (MC 8:5)
  Marcos, apóstolo, e (MC 8:5)

Índice geral

Índice geral

MUNDO
descerramento de passagens no * íntimo (MC 7:34)
exibição dos maiorais e (MC 9:35)
pedido malicioso do * inferior (MC 15:32)
primeiros a serem servidos e * materializado (MC 9:35)

MUSEU
riqueza de avaliação inapreciável e (MC 10:15)

N

NATUREZA
Jesus e desequilíbrios da (MC 5:23)
Jesus e símbolos vivos da (MC 4:28)
laboratório divino e (MC 10:45)
reinos inferiores e (MC 10:45)
violação dos princípios da (MC 12:27)

NECESSIDADE ESPIRITUAL
conversação de Jesus e (MC 4:33)

NORMA CRISTÃ
lides cotidianas e (MC 1:20)

NOSSA CRUZ
encontro com Jesus e (MC 8:34)
piedade religiosa e (MC 8:34)
realidades do mundo e (MC 8:34)

NOVA ERA
construção da (MC 10:14)

O

OBSESSÃO
Espíritos perversos e (MC 1:24)
perseverança na preguiça e (MC 4:26)
socorro a (MC 16:17)
tratamento da (MC 16:17)

OFENSA
desculpa e (MC 15:30)
expressões afetivas e * indébita (MC 4:33)

ORAÇÃO
ação e (MC 14:38)
comunicação através da (MC 11:25)
coração sereno e (MC 11:25)
diante da dificuldade e (MC 14:38)
diante da discórdia e (MC 14:38)
diante da enfermidade e (MC 14:38)
diante da ignorância e (MC 14:38)
diante da penúria e (MC 14:38)
diante da prova e (MC 14:38)
diante do desastre e (MC 14:38)
diante do sofrimento e (MC 14:38)
dilatação da corrente do mal e (MC 11:25)
enfrentamento da consciência e (MC 11:25)
expedição de mensagens pela (MC 11:25)
mal e (MC 11:25)
presença invariável do perdão e (MC 11:25)
repouso da mente e do coração na (MC 6:31)
resultados essenciais da (MC 11:25)
santuários divinos do plano superior e (MC 11:25)
sensações de paz e (MC 11:25)
sincera atitude da alma e (MC 11:25)

ORADOR ESPÍRITA
atitudes que devem ser evitadas pelo (MC 16:15)

ORAI E VIGIAI
complexidade e extensão do (MC 13:33)

ÓRFÃO
apelo ao apoio ao (MC 10:14)

ORGULHO
culto ao (MC 8:36)
excesso e cárcere do (MC 8:36)

OTIMISMO
importância do (MC 8:2)

OURO
mausoléu e amontoamento de (MC 8:36)

P

PAI
deveres do filho para com o (MC 7:10)

PAI E FILHO
evangelho e relação de (MC 7:10)

PAI E MÃE
amor de Deus e amor de (MC 7:10)

PAIXÃO
casulo da * inferior (MC 4:28)
exploração da (MC 8:2)
mal e * ingrata (MC 4:32)

PALAVRA
aceitação da (MC 4:15)
aceitação e cumprimento da * do Senhor (MC 4:15)

reino de Deus está próximo, O,
 e * de Jesus (MC 1:15)
semeadura da (MC 4:15)
talentos da (MC 10:14)
PALESTRA
 concessão de * reconfortante (MC 9:41)
PÃO
 divisão de * ao faminto (MC 9:41)
PARALÍTICO
 auxílio dos amigos e * de Cafarnaum (MC 2:4)
 decisão do * de Cafarnaum (MC 2:4)
 oportunidade de serviço e (MC 3:5)
 recordação do * de Cafarnaum (MC 2:4)
 socorro de Jesus e (MC 3:5)
PARALÍTICO, O
 decisão e (MC 2:4)
 Marcos, apóstolo, e (MC 2:4)
 presença do Cristo e (MC 2:4)
PARENTELA
 apoio, compreensão e (MC 3:35)
 caridade e (MC 3:35)
 disciplina, exemplo e (MC 3:35)
PASSAGEM EVANGÉLICA
 simbologia do sábado e (MC 2:27)
PASSE
 conceito de (MC 5:23)
 Cristianismo e (MC 5:23)
 função do (MC 5:23)
 magnetismo e (MC 5:23)
 mensageiros de Jesus e (MC 5:23)
 resultado do (MC 5:23)
 significado do (MC 5:23)
PATRIMÔNIO FÍSICO
 inveja, discórdia e (MC 8:36)
PAULO DE TARSO
 Jesus e (MC 2:14)
PAZ
 atividade defensiva da (MC 13:5)
 desejo de (MC 12:38)
 estabelecimento da (MC 11:25)
 lares vizinhos e (MC 5:9)
 manutenção da * interna (MC 11:25)
 mente e sede de (MC 6:32)
 princípios fantasistas de (MC 6:31)

PECADO
 desrespeito de Deus em nós e (MC 3:28-29)
 Espírito e morte no (MC 4:32)
 significado do * contra o Espírito Santo (MC 3:28-29)
PECADO CONTRA O ESPÍRITO SANTO
 significado do (MC 3:28-29)
PEDRO
 ensino sobre a negação de (MC 14:71)
 fragilidade de (MC 14:71) Pensamento
 cofres fortes do (MC 10:15)
PERDÃO
 oração e presença invariável do (MC 11:25)
PÉS
 humildade dos (MC 12:43)
PLANEJAMENTO
 Espírito em evolução e (MC 4:25)
PLANO ESPIRITUAL
 contato com (MC 16:17)
PLANO SUPERIOR
 incapacidade de acesso ao (MC 16:16)
 santuários divinos do (MC 11:25)
PLANTA
 perigos e * divina (MC 4:19)
 sabedoria da natureza e (MC 4:3)
 trato da * divina (MC 4:19)
POÇO
 piscina de vermes e (MC 4:26)
PODER
 origem do (MC 12:17)
 posição de evidência e * oculto (MC 6:56)
POLÍTICA
 homens tiranos na (MC 9:35)
 tribuna e (MC 1:38)
PONTO DE VISTA
 frase exata e (MC 10:14)
POSSIBILIDADE FINANCEIRA
 interesses alheios e (MC 8:36)
POVO
 atenção para as necessidades do (MC 6:37)
PRAZER
 servir pelo * de ser útil (MC 10:45)
PREGAÇÃO
 conceito de (MC 1:38)

Índice geral

Jesus e (MC 1:38)
sacrifícios da vida e (MC 1:38)

Preguiça
gelo da (MC 8:5)
obsessão e (MC 4:26)
perseverança na (MC 4:26)

Prestação de serviço
culpas imaginárias e (MC 13:11)

Princípio superior
anúncio de (MC 5:19)

Problema
atualidade e (MC 10:14)
crença e * social (MC 15:32)
insolubilidade do (MC 11:22)

Processo evolutivo
edificação de criações menos dignas e (MC 8:35)

Produção econômica
técnica da (MC 6:31)

Progresso
Espírito encarnado e desencarnado e (MC 8:34)

Projeto
dificuldades na concretização de (MC 11:22)

Prosélito
pretensão do (MC 15:17)

Provação
fardo da (MC 15:30)

Providência
débitos diante da * divina (MC 12:17)
experimento e * divina (MC 3:35)
recordação da (MC 10:43)
rogativas à* divina (MC 3:5)

Próximo
amor ao (MC 12:31)
definição de (MC 12:31)
ensino de Jesus e (MC 12:31)
responsabilidade diante do (MC 12:31)
Velho Testamento e amor ao (MC 12:31) Prudência
apelo à (MC 13:33)

Q

Queixa
cultivo da * descabida (MC 4:17)

inutilidade da (MC 8:34)

R

Realização
fortunas enormes e * científica (MC 16:15)
preparo criterioso e (MC 16:15)

Recurso material
uso do (MC 10:15)

Reencarnação
criança e princípios da (MC 10:15)

Reino das árvores
mensagens do (MC 8:24)

Reino de Deus
cataclismos e (MC 1:15)
céu e (MC 1:15)
construção do (MC 1:15)
flagelos e (MC 1:15)
servir ao (MC 6:31)

Reino dos vegetais
lições do (MC 8:24)

Reino inferior
cooperação, auxílio e (MC 10:45)

Religião
púlpito e (MC 1:38)

Renovação
fé e (MC 11:23)

Renúncia
fé e (MC 11:23)
linguagem nova da * e do amor (MC 16:17)

Renúncia ao pai e mãe
ensino de Jesus sobre (MC 7:10)

Resgate
divórcio e adiamento de * de débito (MC 10:5)
Espírito encarnado e desencarnado e (MC 8:34)
progresso e (MC 8:34)
sofrimento e (MC 8:34)

Resignação
sofrimento e (MC 15:21)

Responsabilidade
consciência da própria (MC 8:34)
despertamento da consciência e (MC 3:28-29)
educação da criança e (MC 10:15)

Espírito infantil e (MC 9:24)
nosso próximo e (MC 12:31)
RESPOSTA CELESTE
  percepção da (MC 11:25)
RESSURREIÇÃO
  anseio de * e coragem de seguir Jesus (MC 8:34)
REVELAÇÃO
  dom da (MC 11:23)
ROMANOS
  coroa de rosas e (MC 15:17)
ROUPA
  moradia da traça e (MC 4:26)
  oferta de * inútil (MC 9:41)

S

SÁBADO
  simbologia do (MC 2:27)
SACERDÓCIO
  homens fanáticos e (MC 9:35)
  imposição de sombras e * organizado(MC 8:2)
SACRIFÍCIO
  crente e oferta de (MC 10:43)
  consequência do * suportado (MC 4:25)
  Jesus e * da vida (MC 1:38)
  linguagem nova do * e da paz (MC 16:17)
  voto e * convencional (MC 10:43)
SALVAÇÃO
  caminho da (MC 15:21)
  campo da maldade e da ignorância e (MC 15:30)
SANTIDADE
  pedido de (MC 9:41)
SANTUÁRIO
  penetração no * íntimo (MC 6:31)
SATANÁS
  adversário da luz e (MC 3:23)
  Marcos, apóstolo, e (MC 3:23)
  sectarismo religioso e (MC 3:23)
SAÚDE FÍSICA
  utilização da (MC 8:36)
SECTARISMO RELIGIOSO
  Satanás e (MC 3:23)
SEGURANÇA DE ESPÍRITO
  clima favorável à (MC 11:25)

SELVAGEM
  postos de assistência de Jesus e (MC 8:3)
SEMEADOR
  anonimidade e (MC 12:43)
  Jesus e * da Terra (MC 4:3)
SEMEADURA
  bem e (MC 4:32)
  bem, mal e (MC 4:32)
  desenvolvimento e (MC 4:32)
  Jesus e (MC 4:32)
  Lei de Deus e (MC 4:32)
  mal e (MC 4:32)
SEMENTE
  assalto de vermes e (MC 4:3)
  chegada da * santificante (MC 4:15)
  constrangimento e (MC 4:3)
  princípios germinativos e (MC 4:3)
  renúncia e (MC 4:3)
  simbologia da (MC 4:15)
  sofrimento e (MC 4:3)
SENTIMENTALISMO ENFERMIÇO
  perda de reencarnações e (MC 8:34)
SENTIMENTO
  acesso à luz espiritual e (MC 6:31)
  meditação e (MC 6:32)
  templo da alma e (MC 6:31)
SENTINELA
  primeira preocupação da (MC 13:33)
SEPARAÇÃO
  conveniência da (MC 8:3)
SEPULTURA
  trabalho depois da (MC 12:27)
SERVIÇO
  consagração ao (MC 4:25)
  fidelidade ao (MC 12:43)
  importância do (MC 4:25)
  importância do * pelo próximo (MC 4:25)
  possibilidade para o * de Jesus (MC 5:23)
  preço da caminhada libertadora e (MC 10:45)
SILÊNCIO
  utilidade do (MC 6:31)
  valor do (MC 6:31)

Índice geral

Índice geral

SIMÃO, O CIRINEU
    constrangimento de (MC 15:21)
    significado do auxílio de * a Jesus (MC 15:21)

SIMÃO PEDRO, APÓSTOLO, VER TAMBÉM PEDRO
    Marcos, evangelista, e (MC 6:9)

SIMPATIA
    importância da (MC 4:25)

SINCERIDADE
    oração e (MC 11:25)

SOCIOLOGIA
    papel da (MC 10:14)

SOCORRO
    base para o * que suplicamos (MC 8:5)
    fé religiosa e (MC 3:5)
    Jesus e * ao paralítico (MC 3:5)
    Jesus e materialização do (MC 3:5)

SOFRIMENTO
    cultura de (MC 15:21)
    Jesus e atenuação do (MC 5:23)
    resignação e (MC 15:21)

SOLIDARIEDADE
    protestos verbais e (MC 14:31)
    teorias sociais de (MC 6:31)

SOLUÇÃO
    impraticabilidade da (MC 11:22)

SONHO
    poeira da desilusão e * morto (MC 8:36)

SUPÉRFLUO
    apego ao (MC 8:36)
    loucura e apego ao (MC 8:36)

SUPERIORIDADE
    obediência e (MC 12:17)

T

TABOR
    significado da transfiguração no (MC 9:2)

TAREFA EDIFICANTE
    término da (MC 4:17)

TAREFEIRO
    abnegação e (MC 12:43)

TEMPESTADE
    firmeza na confiança e (MC 9:24)
    gênios perversos e * purificadora (MC 10:43)

TEMPLO
    desencanto nas almas e * de pedra (MC 6:31)
    edificação de (MC 10:43)
    manifestações religiosas e * de pedra (MC 6:31)
    problemas difíceis e * familiar (MC 1:20)
    refúgio no * da alma (MC 6:31)

TEMPO
    colaboração do (MC 3:23)
    colaboração do * na doutrinação (MC 3:23)
    dedicação do * a Deus (MC 12:17)
    exigência da sociedade e (MC 12:17)
    importância do (MC 11:23)
    uso do (MC 4:25) (MC 12:17)

TENTAÇÃO
    fórmula para não cair em (MC 14:38)
    orai e vigiai e (MC 14:38)

TEOLOGIA
    céu, inferno e (MC 12:27)

TERESA D'ÁVILA
    desdobramento e (MC 16:17)

TERRA
    facilidades na (MC 16:7)
    imagem de vencedores na (MC 15:30)
    revelação da coroa da (MC 15:17)
    vencedores na (MC 15:30)

TESOURO
    cadeia de usura e * escondido (MC 14:38)

TÓXICO INTELECTUAL
    consequências do (MC 12:38)

TRABALHO
    aprendiz do Evangelho e (MC 10:45)
    auxílio de Jesus e (MC 10:51)
    bases profundas do * evangélico (MC 16:7)
    começo do * de redenção (MC 15:30)
    elevação espiritual e (MC 10:45)
    ensejo bendito de (MC 3:5)
    felicidade e (MC 10:45)
    fuga do (MC 13:33)
    importância do (MC 4:25) (MC 4:26)
    indecisão no (MC 16:7)
    individualidade no (MC 10:51)
    oportunidade de (MC 10:51)
    otimismo e (MC 11:22)
    preço da libertação e (MC 10:45)
    proteção, auxílio, defesa e (MC 4:19)
    rota do * edificante (MC 13:11)

TRANQUILIDADE CELESTIAL
    compra da (MC 2:14)
TRANSFIGURAÇÃO
    símbolo da (MC 9:2)
TRANSFORMAÇÃO
    portal da grande (MC 1:15)
TRÂNSITO
    recursos no * e prevenção de desastres (MC 16:15)
TREVA
    expulsão da * e da maldade (MC 16:17)
TRIBUNAL TERRENO
    justiça e (MC 13:11)
TRIBUTO
    pagamento de * e apoio material (MC 16:15)
TÚNICA INCONSÚTIL
    Jesus e (MC 1:38)

U

UNIVERSO
    Lei do Amor, sustentáculo do (MC 15:30)
    princípios que regem o (MC 12:43)

V

VAIDADE
    alvo buscado pela (MC 10:43)
    excesso e cárcere da (MC 8:36)
    valorização da * pela sociedade atual (MC 10:43)
VELHO TESTAMENTO
    amor ao próximo e (MC 12:31)
VENTO GENEROSO
    princípios de vida e (MC 4:15)
VERBO
    conjugação do * servir (MC 15:30)
    inspiração e * justo (MC 13:11)
VERDADE
    aceitação da (MC 12:29)
    Jesus e pregação da (MC 1:38)
    mentira e (MC 5:9)
VERDADEIRO DISCIPULADO
    aprendiz do Evangelho e (MC 10:45)
VÍCIO
    consequência do cultivo do (MC 4:25)
VIDA
    aperfeiçoamento para * eterna (MC 8:36)
    asas espirituais e * eterna (MC 15:21)
    atividades obscuras da (MC 12:43)
    certeza da * imortal (MC 16:16)
    concessões da (MC 13:33)
    criação e (MC 12:27)
    desastre, insolvência e * moral (MC 4:24)
    desatenção nos caminhos da (MC 4:24)
    descrença e conhecimento da (MC 16:16)
    exposição da própria (MC 12:43)
    ganhar o mundo e * imortal (MC 8:36)
    Jesus e alusão à * universal (MC 8:35)
    Jesus e mensagens de * eterna (MC 5:19)
    manifestação da * espiritual (MC 16:17)
    morte de animais e manutenção da * humana (MC 10:45)
    perder a si mesmo e * imortal (MC 8:36)
    pressão de exigências da * material (MC 6:31)
    propriedade legítima da (MC 8:35)
    referência à palavra morte e * espiritual (MC 12:27)
    reflexão e (MC 4:25)
    renovação para o Bem eterno e (MC 4:26)
VIGIAR
    significado do termo (MC 14:38)
VIGILÂNCIA
    completa (MC 13:33)
    fórmula de (MC 13:33)
    Jesus e indução à (MC 13:5)
    mãos dadas à (MC 14:31)
    previdência e (MC 8:36)
VIRTUDE
    consequência do cultivo da (MC 4:25)
    desenvolvimento e (MC 3:35)
    disciplina, sacrifício e (MC 4:17)
    exaltação da (MC 10:14)
    solidez da * adquirida (MC 5:19)
    sublime (MC 4:19)
VISÃO ESPIRITUAL
    renovação e (MC 8:36)
VISÃO PSICOLÓGICA
    extensão da (MC 13:33)
VISÃO SUBLIME
    mártires do circo e (MC 16:17)
VITÓRIA
    anseio de * e coragem de seguir Jesus (MC 8:34)
    consanguinidade e * moral (MC 3:35)

Índice geral

O QUE É ESPIRITISMO?

O Espiritismo é um conjunto de princípios e leis revelados por Espíritos Superiores ao educador francês Allan Kardec, que compilou o material em cinco obras que ficariam conhecidas posteriormente como a Codificação: *O livro dos espíritos*, *O livro dos médiuns*, *O evangelho segundo o espiritismo*, *O céu e o inferno* e *A gênese*.

Como uma nova ciência, o Espiritismo veio apresentar à Humanidade, com provas indiscutíveis, a existência e a natureza do Mundo Espiritual, além de suas relações com o mundo físico. A partir dessas evidências, o Mundo Espiritual deixa de ser algo sobrenatural e passa a ser considerado como inesgotável força da Natureza, fonte viva de inúmeros fenômenos até hoje incompreendidos e, por esse motivo, são tidos como fantasiosos e extraordinários.

Jesus Cristo ressaltou a relação entre homem e Espírito por várias vezes durante sua jornada na Terra, e talvez alguns de seus ensinamentos pareçam incompreensíveis ou sejam erroneamente interpretados por não se perceber essa associação. O Espiritismo surge então como uma chave, que esclarece e explica as palavras do Mestre.

A Doutrina Espírita revela novos e profundos conceitos sobre Deus, o Universo, a Humanidade, os Espíritos e as leis que regem a vida. Ela merece ser estudada, analisada e praticada todos os dias de nossa existência, pois o seu valioso conteúdo servirá de grande impulso à nossa evolução.

O EVANGELHO POR EMMANUEL - MARCOS

EDIÇÃO	IMPRESSÃO	ANO	TIRAGEM	FORMATO
1	1	2014	10.000	16x23
1	2	2015	6.000	16x23
1	3	2016	3.000	16x23
1	4	2017	3.000	16x23
1	5	2018	1.500	16X23
1	6	2019	1.200	16x23
1	7	2021	1.500	16x23
1	8	2022	1.500	15,5x23
1	9	2024	1.000	15,5x23

FEB editora
Livro espírita para um novo mundo
www.febeditora.com.br
@febeditoraoficial
@febeditora

Conselho Editorial:
Carlos Roberto Campetti
Cirne Ferreira de Araújo
Evandro Noleto Bezerra
Geraldo Campetti Sobrinho – Coord. Editorial
Jorge Godinho Barreto Nery – Presidente
Maria de Lourdes Pereira de Oliveira
Miriam Lúcia Herrera Masotti Dusi

Produção Editorial:
Elizabete de Jesus Moreira

Preparação de conteúdo e indexação:
Cyntia Larissa Ninomia
Daniel Meirelles
Erealdo Rocelhou
Geraldo Campetti Sobrinho
Larissa Meirelles Barbalho Silva
Saulo Cesar Ribeiro da Silva

Revisão:
Erealdo Rocelhou
Larissa Meirelles Barbalho Silva

Capa e Projeto Gráfico:
Luisa Jannuzzi Fonseca
Miguel Cunha

Diagramação:
Rones José Silvano de Lima – instagram.com/bookebooks_designer

Normalização Técnica:
Biblioteca de Obras Raras e Documentos Patrimoniais do Livro

Esta edição foi impressa pela Editora Vozes Ltda., Petrópolis, RJ, com tiragem de 1 mil exemplares, todos em formato fechado de 155x230 mm e com mancha de 117,9x195,6 mm. Os papéis utilizados foram o Off white slim 65 g/m² para o miolo e o Cartão 250 g/m² para a capa. O texto principal foi composto em fonte Noto Serif 10/15 e os títulos em Ottawa 18/30. Impresso no Brasil. *Presita en Brazilo.*